新丝路
新思路

外文出版社
FOREIGN LANGUAGES PRESS

图书在版编目（CIP）数据

新丝路　新思路 / 赵磊等著 .
— 北京 : 外文出版社 , 2018.6
ISBN 978-7-119-11527-6

Ⅰ . ①新…　Ⅱ . ①赵…　Ⅲ . ①"一带一路" – 国际合
作 – 研究　Ⅳ . ① F125

中国版本图书馆 CIP 数据核字（2018）第 134187 号

出版指导：解　琛
作　　者：马　斌　王　文　王义桅　左凤荣　丛培影　孙吉胜
　　　　　孙敬鑫　陈积敏　罗建波　郑东超　赵　磊　赵明昊
　　　　　贺文萍　黄友义　黄日涵　韩庆娜　龚　婷（按姓氏笔画排序）
责任编辑：文　芳　陈丝纶
特约编辑：孙敬鑫
装帧设计：北京杰瑞腾达科技发展有限公司
印刷监制：冯　浩

新丝路　新思路

出 版 人：徐　步
出版发行：外文出版社有限责任公司
地　　址：北京市西城区百万庄大街 24 号　　邮政编码：100037
网　　址：http://www.flp.com.cn　　电子邮箱：flp@cipg.org.cn
电　　话：008610-68320579（总编室）　　008610-68996158（编辑部）
　　　　　008610-68995852（发行部）　　008610-68996185（投稿电话）
印　　刷：北京飞达印刷有限责任公司
经　　销：新华书店 / 外文书店
开　　本：787mm × 1092mm　1/16
字　　数：100 千
印　　张：8.75
版　　次：2018 年 7 月第 1 版第 1 次印刷
书　　号：ISBN 978-7-119-11527-6
定　　价：48.00 元

新丝路

新思路

目 录

理念：互利共赢

『一带一路』的逻辑与魅力

『一带一路』：从东方智慧到全球公共产品

『一带一路』倡议具有八个维度

互利共赢是『一带一路』建设最亮丽的底色

“一带一路”的逻辑与魅力

赵　磊　中共中央党校国际战略研究院教授

2017年两会，“一带一路”成为引人注目的高频词，仅政府工作报告就5次提到“一带一路”。自2013年提出以来，“一带一路”倡议从概念走向实践、自国内融入国际、由历史联通未来，其逻辑与魅力更加清晰、鲜明。

“一带一路”是具有深远历史意义的伟大实践，其魅力在于：

一是在中国倡议的基础上，日益成为国际共识，而且整个进程凝聚越来越多的全球智慧。

二是这一倡议由功能定位走向人文定位，不仅是推动发展的“宽广之路”，更乃符合哲学层面的“大道之行”。

“一带一路”的逻辑

“一带一路”的逻辑，可以概括为3个字，即“通”“融”“荣”。

“通”是前提、条件。“通”凸显经济层面的合作共赢，包容性全球化、世界经济再平衡、共同现代化、供给侧结构性改革、产能合作等是关键要素。

几年来，“一带一路”在互联互通层面取得了务实进展。

一是共识增多。“一带一路”的“朋友圈”不仅数量增多，而且越来越活跃。目前，已经有100多个国家和国际组织表达了合作意愿，40多个国家同中国签署了共建“一带一路”合作协议。

二是互联互通网络逐渐成形。以中巴经济走廊等“六廊六路多国多港”建设为标志，基础设施、贸易、金融、人文等领域取得了一批重要早期收获。中欧班列贯通欧亚，匈塞铁路、雅万高铁开工建设，中老、中泰等泛亚铁路网建设也迈开重要步伐。

三是产能合作全面推进。中国同近20个国家开展了机制化产能合作，一大批重点项目已经落地生根。

“融”是路径、方式。“融”侧重文明层面的文明互鉴，通心工程、人文格局、文化条件、重义轻利等是关键要素。

“融”展现“一带一路”的精神实质，凸显“一带一路”不仅要提供经济红利，更要创造国际社会良好的人文生态。“通”有形可见，易于感知与衡量；相比之下，以“民心”“人心”为发力重点的“融”则无形不可见，但影响恰恰是最根本深远的。在“融”的过程中，需要强调“一带一路”

是通心工程，要打造一个相互欣赏、相互理解、相互尊重的人文格局。

“融”强调开放性聚合，而不是生硬地追求趋同、排他性或搞小圈子。“一带一路”是新时期中国对外开放战略的灵魂，也是统筹国内国际两个大局的总抓手。“融”追求亲近，不是西方话语所恪守的等级分明的“门槛”，或非此即彼的“同化”，更不是“大鱼吃小鱼”的“征服”，而是要“各美其美、美人之美、美美与共、天下大同”。

“荣”是愿景、目标。“荣”强调全球治理层面的公共产品，即物质性公共产品、理念性公共产品、制度性公共产品。“一带一路”关注全球的可持续发展问题，不仅要满足国际社会对中国作为负责任大国的预期，更要增强全球民众对光明前景的信心。

国务委员、时任外交部部长的王毅在2017年全国“两会”期间回答记者提问时指出，“一带一路”倡议是中国的，但机遇是世界的。提出这一倡议，顺应了亚欧大陆要发展、要合作的普遍呼声，标志着中国从一个国际体系的参与者快速转向公共产品的提供者。“一带一路”秉持共商、共建、共享原则，奉行的不是“门罗主义”，更不是扩张主义，而是开放主义。

事实上，“一带一路”不仅能够与各国发展倡议紧密对接，更与联合国2030年可持续发展议程等诸多顶层设计高度契合。展望未来，随着“一带一路”的深入推进，中国必将为世界的发展繁荣带来新的机遇、做出新的贡献。

"一带一路"：从东方智慧到全球公共产品

郑东超　中联部当代世界研究中心副研究员

实践证明，“一带一路”作为复杂的系统工程，不仅可以为世界提供设施联通、资金融通、贸易畅通等器物层面的硬贡献，还可以向世界提供理念和制度等非器物层面的软贡献。“一带一路”从愿景已经变为现实，从东方智慧升华为全球公共产品。

“一带一路”成果丰硕

“一带一路”提出几年来，取得了超出预期的成果。实践证明，“一带一路”可以向世界提供互联互通、共同发展、全球治理等物质和理念上的公共产品。

有效的互联互通。总结起来，互联互通主要是基础设施、人员交流和规章制度的互联互通，三位一体的互联互通为推进沿线国家和地区的深度融合提供了指引。

基础设施的互联互通是推进“一带一路”建设的重要内容，经过几年实践，“一带一路”基础设施建设成效显著，泛亚洲铁路网络雏形呈现，跨境铁路贯通欧亚大陆，港口建设进展顺利。

民心相通是推进“一带一路”建设的社会基础，以沿线国家间签证便利化为政策保障，“一带一路”为沿线国家的人员往来提供了便利。

规章制度互通是推进“一带一路”建设的内在保障，“一带一路”沿线国家主要通过发展战略对接和自贸区建设作为推动，按照开放、包容、共享、均衡的原则，打造多层次、多类型、灵活多样的双边、多边、区域性、全球性自由贸易区。

创建新型国际金融机构。丝路基金和亚洲基础设施投资银行（下称“亚投行”）是中国向国际社会提供的公共金融产品，是中国践行“一带一路”的实际行动。与其他金融机构相较，亚投行和丝路基金以务实的态度、新的治理规则和标准，更多关注发展中国家的发展和金融需求。用实际行动参与全球金融治理，推动国际货币体系改革，增加国际金融领域的全球公共物品供给。两大金融机构的建立运行还有利于改革和再造国际贸易投资规则，完善金融货币制度，构筑更加公平合理的经济新秩序框架。

向国际社会提供共同发展理念。“一带一路”目标之一就是让沿线国家分享中国发展成果，实现共同发展，这种理念与传统的以西方国家为主导的发展理念具有很大不同。其内在逻辑是在全球化时代，国家之间的交往空前紧密，一国的发展已不是内政问题，其持续发展难以离开世界其他国家的发展。一国发展，而其他国家不发展，甚至以牺牲其他国家的发展为代价，就会在国际社会中形成链条断裂现象，从根本上难以形成持续发展的良好态势。中国是世界第二大经济体，欢迎沿线国家搭乘中国发展的快车，共同分享中国发展的成果。

积极探索全球治理新方案。新时代背景下，呼唤新的全球经济治理，以应对各种挑战。“一带一路”是新时期中国对全球经济治理提供的新方案，要打通生产要素全球流通渠道，以互联互通和产能合作推动均衡、包容和普惠的新型全球化。“一带一路”推动下的全球经济治理与现有全球经济治理相较，更加注重包容性。“一带一路”是开放的倡议，任何国家，无论是发达国家还是发展中国家，都可以参与进来，为重塑全球经济治理新格局注入新动力。“一带一路”通过充分利用现有国际规则，推动建立亚投行和设立丝路基金等，形成与现有多边开发银行相互补充的投融资开发平台，在现行国际经济金融秩序下，共同促进全球尤其是亚洲区域经济的持续稳定发展。

推进“一带一路”建设聚量升质

“一带一路”倡议提出几年来，脚踏实地，一步一个脚印，在共商共建共享的原则下，与沿线国家携手并进，形成合作共赢的良好局面。

形成广泛国际共识。2013年“一带一路”提出之初，国际社会对其知之甚少。发展规模如此之大，推进速度如此之快，超出很多国家想象。对“一带一路”能够推动世界繁荣发展有广泛共识。“一带一路”倡议首次被写入第71届联合国大会决议。联合国安理会通过第2344号决议，首次提出“构建人类命运共同体”理念，呼吁通过“一带一路”建设等加强区域经济合作。

支撑体系日渐完善。“一带一路”是着眼长远的系统工程，需要建立牢固完善的支撑体系。“一带一路”从愿景转化为现实，也是机制完善的过程。相关配套机制经历了从无到有的过程。专门成立了推进“一带一路”建设工作领导小组办公室，以统筹推进“一带一路”建设。设立“一带一路”国际合作高峰论坛后续联络机制，成立“一带一路”财经发展研究中心、“一带一路”建设促进中心。建设丝绸之路沿线民间组织合作网络，打造新闻合作联盟、音乐教育联盟以及其他人文合作新平台。

理念精神汇入人心。从理念层面上看，“一带一路”秉承以和平合作、开放包容、互学互鉴、互利共赢为核心的丝路精神。丝路精神不是凭空臆造的，具有深厚的历史底蕴和鲜活的时代特征。任何一个国家的发展都离不开其他国家的合作与支持，个体发展是建立在共同发展基础上的，以往零和博弈的思维已经落伍，双赢、多赢、共赢才是当今世界的发展之道。很显然，这些正是“一带一路”所倡导和支持的。

“一带一路”建设前景光明

“一带一路”在现有成果基础上扎实推进，在既有的轨道上稳步向前，将获得越来越丰硕的成果。

一是从宏观写意至精细落实。“一带一路”提出之初，国际社会对此一无所知，对其认识仅停留在概念层面，大家对其认识亦抽象而不清晰。但随着深入推进，“五通”逐渐落地，“一带一路”建设逐渐向精细化、实物化方向发展，从宏观的概念逐步转化为一个个惠及所在国家及其民众的项目。

在未来，“一带一路”将与沿线国家的实际需求相适应，与沿线国家的发展战略相对接，扎扎实实推进经济走廊建设，着眼“一带一路”建设长远发展，构建全方位、多层次的支撑体系；汇集政府、企业、智库、媒体、民间等力量，形成各方齐抓共建的强大合力，推动“一带一路”建设行稳致远。

二是必将推动全球和平发展。实现和平离不开发展，否则就是空谈。“一带一路”是以共同发展为目标的合作倡议。但与传统的西方的经济计划有所不同。推进“一带一路”建设不是重复地缘博弈的老套路，而是将开创合作共赢的新模式。中国愿同世界分享发展经验，但决不会干涉别国内政，不会输出社会制度和发展模式，更不会强加于人。

三是推动世界经济再平衡。“一带一路”贯穿亚欧非大陆，连接东亚经济圈和欧洲经济圈，以完善基础设施为先导，通过推进“五通”，实现资源有效配置和市场深度融合，为各方搭建了一个开放高效、优势互补、联动发展的国际合作平台。以“一带一路”为推动，促进沿线国家工业化、现代化进程，满足沿线国家提高基础设施建设水平的需要，激活沿线国家的增长潜能，有利于稳定世界经济形势、促进全球经济增长。“一带一路”为世界经济增长谋求动力，为经济全球化发展提振信心，为构建人类命运共同体探索路径。

“一带一路”倡议具有八个维度

孙敬鑫 当代中国与世界研究院副研究员

从世界范围来看，“一带一路”倡议的提出，正在得到越来越多的认可。

“一带一路”倡议植根于2000多年以来的丝路精神，具有文化上的厚度。古老的丝绸之路上，东西方的使节、商旅、学者相互来往和对话，东西方的文化相互交流和补充，东西方的智慧相互碰撞和激发。先人们在大漠戈壁上“驰命走驿，不绝于时月”，在汪洋大海中“云帆高张，昼夜星驰”，积淀了流传至今的“和平合作、开放包容、互学互鉴、互利共赢”的丝路精神。

2000多年后的今天，国际环境发生了深刻变化，古老的丝绸之路也旧貌换新颜。正是基于这样的现实情况，习近平主席在2013年秋天提出了共建“一带一路”的倡议。从古代丝绸之路到新时期的“一带一路”，变的是互联互通的方式，不变的是丝路精神的传承。“一带一路”建设的最终目的，就是要使这条延续2000多年、连接亚非欧的丝绸之路再现昔日辉煌，使传承2000多年、激励近百代人的丝路精神持续得到弘扬。

“一带一路”倡议着眼“三个共同体”建设，具有使命上

的高度。“一带一路”沿线是世界上最具发展活力和潜力的地区之一，地域广阔、人口众多、资源丰富、市场巨大。各国追求进步、发展经济、维护稳定、改善民生的目标是相同的，深化双边多边合作、实现互利共赢的意愿是一致的，而且各方的互补性较强，特别是在应对国际金融危机、加快经济结构调整、推动发展方式转型升级等方面有着很多的共同利益，是名副其实的命运共同体和利益共同体。

通过“一带一路”建设，可以把各方的潜力挖掘出来，把大家的互补性结合起来，把各国的利益目标融汇起来，把不同文明的优秀基因融合起来。也要看到，由于各国的差异所在，在推动落实各项倡议的过程中，各方会有不同侧重的利益考虑，还会遇到各种难以预料的问题，这就需要大家集思广益，携手应对挑战，合力化解威胁，共同承担责任。

“一带一路”倡议直面地区和全球面临的安全和发展难题，具有情怀上的深度。“一花独放不是春，百花齐放春满园”。“一带一路”沿线的60多个国家中以发展中国家居多，经济发展、政局稳定和民生压力较大，同时国家间关系错综复杂、传统安全与非传统安全问题交织，现有的地区合作机制无法有效解决所有问题。

习近平主席在这种情况下提出“一带一路”倡议，实实在在地直面问题，真真切切地提出解决办法，体现了中国的情怀和新时期的国际主义精神。特别是在当前美欧等少数国家保守主义、孤立主义和反全球主义抬头的背景下，中国的“一带一路”倡议不是“锦上添花”，而是“雪中送炭”，是中国致力于与沿线国家共享发展红利，共谋和平稳定局面的“实招”。

“一带一路”倡议以“五通”建设为主要内容，具有实践上的广度。“一带一路”不是单纯的经济计划，也不是单纯的文化交流方案，更不是一个军事战略，而是涉及政策沟通、设施联通、贸易畅通、资金融通、民心相通的全方面倡议。

这“五通”是统一体，缺一不可。其中，政策沟通是共建“一带一路”的重要保证，设施联通是共建“一带一路”优先领域，贸易畅通是共建“一带一路”的重点内容，资金融通是共建“一带一路”的重要支撑，民心相通是“一带一路”建设的社会根基。通过“五通”全方位推进务实合作，“软硬兼施”“两翼齐飞”，才能使“一带一路”行稳致远。

“一带一路”倡议是一个长远的战略规划，具有周期上的长度。“一带一路”是一个着眼长远的发展规划和倡议，它不是百米决赛，甚至不是万米比赛，而是由无数个马拉松组成的长跑；不是一朝一夕、短期突击，甚至不是几年几十年就能彻底完成的，而是一个没有明确时间限定的长期事业。

2015 年初，中国政府为此制定并公开了规划方案，细化了合作重点、合作机制，彰显了中国愿意把中国梦与沿线各国人民的美好梦想对接起来，一起追逐梦想、实现梦想的长期愿景。随着建设步伐的加快，相信未来还会有一个接一个的规划出台，也会有一茬接一茬的人才将接力棒交接下去。

“一带一路”倡议主动对接和创新既有的发展方案，具有操作上的灵活度。与“二战”以来西方主导的很多制度设计不同，“一带一路”不搞排他性制度设计，而是在既有双边、多边和区域、次区域合作机制框架下，主动寻求对接，从而务实推进“一带一路”建设。中国所主张的对接，不是一方主导另一方，而是在尊重彼此规则的基础上寻求共同点，扩大合作点，进而制订共同规划、推进合作项目。

在建设过程中，不刻意追求一致性。中国既可以在一些项目中“挑大梁”，自然也可以在一些项目里“当绿叶”，高度灵活，富有弹性。这将保证“一带一路”是真正多元开放、多样包容的合作进程。

“一带一路”倡议基于中国的发展实践及其红利，具有基础上的坚实度。改革开放近40年来，中国的经济社会发展取得了举世瞩目的成就。根据国际货币基金组织预测，2016年中国对世界经济增长的贡献率达到33.2%，是全球经济复苏最主要的拉动力。近年来，中国领导人治国理政的新理念新思想新战略，中国的发展道路和经验，正在为广大发展中国家提供一种有别于西方传统发展模式的选择。中国也在尽最大努力，积极承担与自身发展中大国地位相适应的国际责任，积极为“一带一路”建设提供支持。

国家发改委主任何立峰在2017年全国“两会”期间表示，近3年来，中国对“一带一路”沿线国家的对外投资已经超过了500亿美元；仅2016年，中国对“一带一路”沿线53个国家的直接投资就达到了145.3亿美元。数字背后，彰显的是中国的态度，更是“一带一路”的坚实基础。

“一带一路”倡议欢迎各方积极参与，具有姿态上的开放

度。中国一再提出，“一带一路”不是中国一家的独奏，而是沿线国家的合唱；不是要营造自己的后花园，而是要建设各国共享的百花园；不是中国的私家小路，而是大家携手共进的阳光大道。“一带一路”版权虽属中国，但在使用和收益上各国都可以有份。为此，中国坚持共商共建共享原则，欢迎沿线国家和其他相关国家及国际组织参与其中。

截至 2017 年年初，已经有超过 100 个国家和国际组织表态参与，中国先后和沿线国家签订了近 50 份政府间合作协议。近期，联合国安理会通过决议，呼吁国际社会凝聚援助阿富汗共识，通过“一带一路”建设等加强区域经济合作，敦促各方为“一带一路”建设提供安全保障环境、加强发展政策战略对接、推进互联互通务实合作等。这也在一个侧面印证了“一带一路”开放包容的特质。

可以预见，随着“一带一路”建设更多看得见、摸得着的成果落地，大家对“一带一路”的认识也会更加全面，态度会更加积极，感情会更加深厚。

互利共赢是“一带一路”建设最亮丽的底色

孙敬鑫　当代中国与世界研究院副研究员

这几年来，“一带一路”建设之所以能取得当前的成绩，很大程度上是因为它及时回应了沿线各国互利共赢的现实需要和诉求，始终秉持互利共赢的理念和原则，始终追求互利共赢的目标和前景。

互利共赢理念是丝路精神在新时期的继承和弘扬。2000多年前，中国和各国人民在各方面条件都很欠缺的条件下，历经艰辛，筚路蓝缕，以极大的勇气和探索精神，相继开辟了陆上和海上丝绸之路。正是由于先人们在大漠戈壁上“驰命走驿，不绝于时月”，在汪洋大海中“云帆高张，昼夜星驰”，才有了流传至今的“和平合作、开放包容、互学互鉴、互利共赢”的丝路精神。

今天，人类社会正处在一个大发展大变革大调整时代，古丝绸之路也旧貌换新颜。沿线人民日常联系更加紧密，各国利益相互融合更加深入，沿线地区相互依赖更加明显，越来越成为你中有我、我中有你的命运共同体。与此同时，和平赤字、发展赤字、治理赤字，成为我们共同的挑战。正是基于这样的现实，习近平主席在2013年秋天提出了共建“一带一路”的倡议。

从古代丝绸之路到新时期的“一带一路”，变的是互联互通的方式，不变的是丝路精神的传承。“一带一路”版权虽属中国，但收益为各国共享。“一带一路”建设的最终目的，就是要使这条延续2000多年、连接亚非欧的丝绸之路再现昔日辉煌，使传承2000多年、激励近百代人的丝路精神持续得到弘扬。

互利共赢理念是中国传统文化在当代的传承和彰显。几千年来，中国传统文化始终流淌着“尚和合、求大同”的基因，这也成为中华文明与其他文明对话的基础。“重天道”“法自然”“尚人道”的人文精神，“计利当计天下利”的胸怀，“坐而言不如起而行”的人生态度，“积小胜为大胜”的思维方法，“量力而行”的做事策略，“己所不欲勿施于人”的待人之道……这些传统文化理念在中华民族一代又一代人的传承中，不断得到丰富和发展，也在新时期中国对外战略中得到生动体现。

党的十八大以来，以习近平同志为核心的党中央高举“和平发展、合作共赢”大旗，始终是推动世界前进的正能量。中国的快速发展和对外政策实践，一再打破“国强必霸”

的旧逻辑，一再超越“零和博弈”的旧思维，一再绕开“修昔底德陷阱”和“中等收入陷阱”的旧束缚。取而代之的是，中国积极推动构建以合作共赢为核心的新型国际关系，携手各国打造人类命运共同体。

在这样的大逻辑和大框架下，“一带一路”建设既不是中国模式的输出，也不是过剩产能的输出，更不是资源掠夺和经济控制，而是开放、包容、均衡、普惠的民心工程、互惠工程。

互利共赢原则贯穿在“一带一路”的规划设计当中。“一带一路”建设不是“核心与边缘”的剥削型经济关系，也不是“依附与被依附”的不平等经济关系，各国都是平等的参与者，是互利共赢的利益共同体。在制度设计上，“一带一路”建设充分体现了互利共赢的原则。它坚持硬件建设与软件建设相辅相成，经济交往与文化交流并行不悖。它注重依靠区域自身的文明特点、发展阶段、资源与制度禀赋的优势来形成发展合力，最大限度地减少运行阻力，不断扩大支持面，缩小反对面，以实现合作为导向的一体化。

考虑到沿线很多国家已有自己的发展战略和规划，也提出了很多区域发展的倡议，中国选择主动对接这些机制和倡议。中国所主张的对接，不是一方主导另一方，而是在尊重彼此规则的基础上，寻求共同点，扩大合作点，进而制订共同规划、推进合作项目。在建设过程中，不刻意追求一致性，中国既可以在一些项目中“挑大梁”，也可以在一些项目里“当绿叶”，高度灵活，富有弹性，这将保证“一带一路”是真正多元开放、多样包容的合作进程。

互利共赢原则通过“一带一路”的实践得到了检验。截至2017年年初，“一带一路”倡议已经得到了世界上100多个国家的响应，中国已经先后和沿线国家签订了将近50份的政府间合作协议，与包括一些国际组织在内的部门签订了70多份合作协议。联合国安理会还一致通过决议，呼吁国际社会通过“一带一路”建设加强区域经济合作。

通过加强互联互通建设，加快实施自由贸易区战略，积极推进亚洲基础设施投资银行和丝路基金运营，已经涌现出一批标志性的前期合作工程。这些项目的顺利推进和建成，也使沿线国家和民众获得了实实在在的利益和好处。甚至连一贯傲慢偏见的西方主流媒体和智库，也对“一带一路”增进中外联系、促进当地就业、推动经济发展等优势，表露出越来越多的肯定和支持声音。

互利共赢目标以中国的发展实践和红利为基础。改革开放近40年来，中国的经济社会发展取得了举世瞩目的成就。2016年，在世界经济疲软的背景下，中国经济增速达到6.7%，这一数值在全球主要经济体中位列第一。根据国际货币基金组织预测，2016年中国对世界经济增长的贡献率达到33.2%，是全球经济复苏最主要的拉动力。

实际上，中国也正在尽最大努力，积极承担与自身发展中大国地位相适应的国际责任。"一带一路"建设也正在得到中国经济"信心指数"长期向好的强劲支持。这几年来，中国对"一带一路"沿线国家的累计投资已经超过了500亿美元。仅2016年，中国对"一带一路"沿线53个国家的直接投资就达到了145.3亿美元，中国企业对相关61个国家新签的合同总额达到1260.3亿美元。习近平主席宣布，中国将向丝路基金新增资金1000亿元人民币，将在未来两年向参与"一带一路"建设的发展中国家和国际组织提供600亿元人民币援助……这些数字背后，是无数个带动中国与沿线国家互联互通的具体项目的落地，更是各方携手合作、互利共赢的真实写照。

互利共赢的目标离不开沿线和相关国家的共同参与。当前亚欧大陆还面临很多安全难题，一些地区局势不够稳定，传统安全和非传统安全交织，暴力恐怖势力、民族分裂势力和宗教极端势力抬头；不少国家也面临发展难题，国际金融危机影响仍在，经济转型压力加大；区域内基础设施建设不联不通、联而不通或通而不畅的情况还比较严重，制约了“一带一路”的进一步发展；由于还处于起步阶段，各方对“一带一路”的理解认识也不尽相同，行动步骤难以一致，部分国家还存在一定的疑虑；国际舆论中也还有不少质疑之声，等等。尤其是在当前西方主要大国贸易保护主义和反全球化明显抬头的情况下，“一带一路”建设更需要各国撸起袖子一起干。

“撒网要撒迎头网，开船要开顶风船”。各国虽然社会制度、发展水平、文化传统不同，但发展经济、改善民生的目标是相同的，深化合作、实现互利共赢的意愿是一致的。只要我们携手并肩，共同努力，就能不断解决问题，取得进展。

实践：开放共享

『一带一路』塑造新的开放世界

『一带一路』开创包容联动新共享的新型全球化

『一带一路』开拓中国外交新思路

『一带一路』：打通发展『痛点』，仰望人文『高点』

“一带一路”塑造新的开放世界

王　文　中国人民大学重阳金融研究院执行院长、教授

2017年5月，在“一带一路”国际合作高峰论坛开幕式主旨演讲中，中国国家主席习近平第一次系统地公开论述“一带一路”的未来，即要坚持以和平合作、开放包容、互学互鉴、互利共赢为核心的丝路精神，携手推动“一带一路”建设行稳致远，将“一带一路”建成和平、繁荣、开放、创新、文明之路，迈向更加美好的明天。这其中，“开放”一词精准地回应了当下世界出现的逆全球化、保护主义等消极现象，让国际社会感受到“一带一路”的积极效应。

“一带一路”扭转了世界开放的传统惯性

几年来，“一带一路”的进展使得全球开放格局在器物层面、制度层面与思想层面都发生了实质性的变化，一种新的开放国际局面正在形成。

一是在器物层面，世界发展进程所倚重的金融、贸易、投资、基建、商品等内容都出现了重心的转移，以新兴经济体为全球化开放动力的新格局正在形成。过去，世界发展的重心主要在发达国家，增长动力主要来源于以美欧为代表的西方世界。

2008年全球金融危机以来，发达国家对全球发展的引擎力量越来越小。以2017年一季度为例，中国对“一带一路”沿线国家进出口1.66万亿元人民币，同比增长26.2%，高于同期中国整体外贸增速4.4个百分点。随着“一带一路”进展的深化，越来越多的经济体响应和参与其中，贸易和投资便利化、营商环境不断改善，开放格局还会越来越大。

二是在制度层面，全球治理体系所倚重的国际金融、贸易、投资、信息机制都出现了均衡化的改革趋势，以更加兼容发展中国家的利益诉求的国际制度开放新格局正在形成。

2016年初，国际货币基金组织执行董事会终于正式批准了2010年份额及治理改革方案，超过6%的份额将从日本、法国、德国等发达国家转移给新兴市场及发展中国家。同年10月1日，人民币正式成为IMF特别提款权（SDR）货币篮子成员，权重（10.92%）仅次于美元（41.73%）、欧元（30.93%）。中国推进跨境电子商务的兴盛，以及互联网机站与网络支付等软硬件的国际普及，使国际制度的效能越来越能覆盖过去全球治理的盲区。

三是在思想层面，全球发展经验不再局限于“华盛顿共识”的西方模式，而是形成了互学互鉴，尤其是“向东看”、从中国发展道路中汲取有效经验的国际知识开放新格局。“一带一路”从新的思想层面为全球提供了发展知识的公共产品。当全世界越来越多的有识之士都在思考，为什么过去40年，同一个国家、同一个政党、同一个民族、同一片国土却能取得了奇迹般的发展成就与截然不同的变化？此时，中国经验如“实事求是”“贤能政治”“要致富先修路”“金融服务于实体经济”“有效市场与有为政府”等就成了全世界争先效仿的新知识。

开放新世界的未来愿景

中国经过近40年的发展，使占全球约80%贫困人口完全脱贫，实现了“四个现代化”，更重要的是，通过“一带一路”的政策沟通、设施联通、资金融通、贸易畅通、民心相通，帮助改善全球治理的结构与水平，本质上是通过提高有效的新的国际供给，来催生新的国际需求，实现世界经济再开放，进而既造福于全球未来发展，也造就负责任大国的中国地位与形象。具体点说，未来新开放世界的可期待愿景至少有以下 3 点：

第一，通过打造跨国互联互通，推动国际产能和装备制造合作，提高贸易和投资水平。过去 40 年，中国成功走出了一条扶贫开发道路，现在正在“一带一路”框架下，以政府主导、社会帮扶、民众主体、基建先生的方式与全球中低收入国家进行发展经验的分享，许多国家看到了国运改善的希望。毕竟，“道路通，百业兴”。

中国已开通中欧班列 50 条线路，到 2020 年中欧班列将达每年 5000 列。未来几年，中国发展巨大的牵引力与带动力效应将会越来越显著，并最终创造新开放世界的新一轮商业机遇、投资机遇、盈利机遇。

第二，建立以合作共赢为核心的新型国际关系、增加中国与各国利益汇合点，推动变革全球治理体制中不公正不合理的安排，以制度开放的逻辑，尽可能地实现各国在国际治理中的权利平等、机会平等、规则平等。

在“一带一路”大背景下，中国牵头成立如亚洲基础设施投资银行、金砖银行（现更名为“金砖国家新开发银行”）等新机构，对世界银行等传统国际经济金融制度进行有效补充；中国通过 IMF 份额改革等制度改革，以及在国际民航组织、国际刑警组织加派中国籍负责人与职员的方式，更多地体现发展中国家和新兴大国的代表性，推进全球治理规则民主化、法治化、开放化。由此可见，通过中国“一带一路”背景下的制度新供给，新开放世界的制度红利也是来日可期。

第三，通过民心相通，推进文明交流互鉴，加强“一带一路”的跨国学术研究合作、科技创新合作、生态环保合作、民生建设合作等方式，打造一个新全球化时代的新开放社会。

“一带一路”通过推进各类跨国合作，实现新型全球开放社会的形成。新型的国际开放社会不只是西方主导的，而是由东西方平等、民主地享受各项国际权利。更重要的是，通过对西方的超越，实现更多在哲学社会科学领域的知识开放体系，改写当下以西方样本为基石的整个全球社会科学体系，最终创造人类社会的新一轮文明演进。

中国人应为新开放的世界而奋斗

“伟业非一日之功”，作为伟大的事业，“一带一路”建设的未来当然需要伟大的中华民族投入到这项伟大的实践中。

稍有遗憾的是，虽然“一带一路”已实施了几年，但是从政府到社会，从企业到个人，并不是所有机构与民众都能看清“新开放世界正在来临”的事实，也不一定都能领会“一带一路”的开放意义。对此，从政府到个人，恐怕都应该有所调整。

从政府的角度看，需要鼓励各级官员加强学习，要加强能力建设和战略投入，加强对全球治理的理论研究与人才培养，认识到新形势、新变化与新格局的重要性，需要在“一带一路”顶层设计的基础上建立一系列的统筹协调机制，制定更符合于“新开放世界”背景下具有国际视野的政策与相关规则，在各个层级真正推进中国政府参与全球治理的能力与国际治理的现代化。

从社会的角度看，需要完善一系列的商务支撑体系与服务意识，在投资、保险、金融、企业管理、法律、审计、咨询与调查等各个服务领域强化对中国企业走出去的支持，降低不必要的运营风险，完善各个机构与企业的国际化战略，使中国经济、投资、贸易、金融力量真正实现全球化，增加与各国利益汇合点，夯实正确义利观、人类命运共同体构建等理念和举措在全球的推进与普及。

从个人的角度看，需要提高民众对“一带一路”的认知，减少各界对“一带一路”不必要的误解，引导社会舆论理性客观地认识“一带一路”的正面意义与现实紧迫性，进而通过自身经验讲好中国故事，以人人都能成为“一带一路”大使的姿态，为“一带一路”纵深发展、开放发展添砖加瓦。

“一带一路”开创包容联动共享的新型全球化

王义桅　中国人民大学国际关系学院教授

2008年国际金融危机爆发后，资本主义主导的全球化矛盾和弊端更加凸显，孤立主义、保护主义、民粹主义交织，“逆全球化”思潮不断蔓延。

习近平主席指出:“经济全球化确实带来了新问题，但我们不能就此把经济全球化一棍子打死，而是要适应和引导好经济全球化，消解经济全球化的负面影响，让它更好惠及每个国家、每个民族。”

“一带一路”倡议正是为解决当前世界和区域经济面临的问题而贡献的“中国方案”，是探索新型全球化、完善全球经济治理、实践人类命运共同体的重要抓手。

“一带一路”通过互联互通推动世界包容发展

近代西方开创的全球化是一种“海洋型”全球化。按照世界银行提供的数据，当今世界产出的八成来自于沿海100公里的地带，90%的国际贸易通过海洋完成。西方国家通过海洋实现全球贸易和投资的扩张，并形成了一套以西方为中心的世界分工和分配体系，从而攫取了大量非对称利益。

这种全球化其实是“部分全球化”，或曰“单向度全球化”，从某种意义上说是畸形的、不平衡的全球化。一方面，它使海洋国家、沿海地区先发展起来，而陆上国家、内地则长期落后；另一方面，正如《共产党宣言》描绘的：“它使未开化和半开化的国家从属于文明的国家，使农民的民族从属于资产阶级的民族，使东方从属于西方。”

“一带一路”是由铁路、公路、航空、航海、油气管道、输电线路、通信网络组成的综合性立体交通网络，能够在很大程度上把内陆和海洋连在一起，帮助那些内陆国家寻找出海口，实现沿海与内陆联动发展。

比如欧洲有“三河”（易北河、多瑙河、奥得河）通“三海”（波罗的海、亚得里亚海、黑海）的千年梦想，“一带一路”激活了这一梦想，使欧洲内陆国家能够走向海洋，搭上全球化的快车，目前已形成中欧陆海快线、三海港区等项目。同时，“一带一路”能够把沿线小国连通在一起，形成大市场，实现规模效应和联动发展。

“一带一路”构成的互联互通将把作为世界经济引擎的亚太地区与经济高度发达的欧盟联系起来，实现各个区域、各个国家生产要素及产业产能优势互补。以基础设施建设为契机，“一带一路”为沿线发展中国家创造需求和就业；同时鼓励他们从要外援到要投资，在引入资金、技术后培养相关人才，增强自主发展能力，实现可持续发展。

以互联互通为基础，“一带一路”能够超越传统全球化造成的地区发展不平衡问题，推动包容联动发展，开创陆海联通、南北联动的全球化，让全球化“无死角”。

以发展为导向，“一带一路”为世界经济增长提供新动力

当前最迫切的任务是引领世界经济走出困境，做大世界经济的“蛋糕”。“一带一路”坚持发展导向、民生导向，着眼于基础设施建设和实体经济，不仅正在成为世界经济新的增长点，而且能够增强广大民众的参与感、获得感、幸福感。

“一带一路”是中国为世界提供的“公共产品”，有利于世界经济再平衡。国际金融危机爆发以来，中国经济增量占全球30%以上，成为世界经济增长的重要动力源。建设“一带一路”旨在同沿线各国分享中国发展机遇，实现共同繁荣。特别是在当前世界经济持续低迷的情况下，如果能够使顺周

期下形成的巨大产能和建设能力走出去，支持沿线国家推进工业化、现代化和提高基础设施水平的迫切需要，有利于稳定当前世界经济形势。

“一带一路”开启国际贸易新篇章。金融危机爆发前，国际贸易增长速度是世界经济增速的两倍，而之后却低于世界经济增速，这是全球化处于逆转的重要原因。未来10年，“一带一路”将新增2.5万亿美元的贸易量，这给全球化打了一剂强心针。不仅如此，“一带一路”建设推动中国与沿线国家的自贸区、投资协定谈判，已完成11个，并强调与沿线各国发展战略和已有的合作机制对接，推动全球层面的投资协定谈判进程，为全球贸易开创新局面。

“一带一路”中的基础设施建设成为世界经济增长的新动能。传统全球化中的关税减让，最多能推动世界经济增长5%，而“一带一路”中的互联互通，将推动世界经济增长10%到15%。

“一带一路”引导热钱流向实体经济，切实为各国发展服务。全球的热钱流动是新自由主义政策下全球化的顽疾。热钱流动造成了少数人在全球化中获得极大利益、多数人受损的现象。管住全球的热钱流动，才可能解决全球化当中的各种问题。

“一带一路”引导全球资本向基础设施、带动实体经济的方向流动，把热钱变成冷钱，把虚钱变成实钱，把盲目流动的投资变成有目标、有结果的投资，使全球化中流动的资金服务于各国经济发展和民生改善。

共商共建共享，“一带一路”为全球治理提供新思路

“一带一路”秉承共商共建共享原则，是践行协商共治、合作共赢的典范。

“共商”，即充分尊重沿线国家对各自参与的合作事项的发言权，沿线各国无论大小、强弱、贫富，都是“一带一路”的平等参与者，都可以积极建言献策，都可以就本国需要对多边合作议程产生影响。

“共建”，即全面调动沿线国家和地区的积极性，各施所长，各尽所能；强调与现有双多边机制、区域合作平台的对接，同时欢迎世界各个国家和国际、地区组织的建设性参与，倡导政府、企业、民间多层面共同推进。

“共享”，即所有人参与，所有人受益，不搞一家独大或赢者通吃，而是寻求利益共享，实现共赢目标。“一带一路”在广泛协商沟通的基础上探索构建新型国际合作机制，在共同推动和建设过程中创新全球治理模式，为破解全球治理的现实困境提供了新思路。

“一带一路”是构建人类命运共同体的伟大探索和实践。人类命运共同体理念是中国推动全球治理体制变革的指导思想，旨在寻求各国发展的最大公约数、实现合作共赢。这一愿景符合国际社会的根本利益，彰显了人类社会的共同理想和美好追求。

“一带一路”建设强调秉持和平合作、开放包容、互学互鉴、互利共赢的丝路精神，全方位推进务实合作，打造政治互信、经济融合、文化包容的利益共同体、责任共同体和命运共同体。可以说，“一带一路”正是化理念为行动、变梦想为现实的重要举措，是通往人类命运共同体的现实路径。

互学互鉴，“一带一路”助推文明的共同复兴

“一带一路”注重文明交流互鉴，重塑平等、包容、均衡

的全球化文明。习近平主席指出:“千百年来，在这条古老的丝绸之路上，各国人民共同谱写出千古传诵的友好篇章。两千多年的交往历史证明，只要坚持团结互信、平等互利、包容互鉴、合作共赢，不同种族、不同信仰、不同文化背景的国家完全可以共享和平，共同发展。”

不同于近代以来西方的殖民主义、帝国主义和霸权主义，以国际掠夺、竞争为常态而合作、妥协为非常态，也不同于战后西方对外援助等各种名目的国际合作模式，“一带一路”建设充分尊重文明差异性，尊重发展模式多样性，鼓励各国走符合自身国情的发展道路，以文明交流互鉴超越文明隔阂冲突。

从人类文明史看，近代西方文明勃兴于海洋，东方文明走向封闭保守，进入所谓的“西方中心”时代。“一带一路”将人类四大古文明——埃及文明、巴比伦文明、印度文明、中华文明串联在一起，推动内陆文明、大河文明的复兴，重塑全球地缘政治及全球化版图，改变内陆文明从属于海洋文明、东方从属于西方的“西方中心论”，推动各种文明在新的历史条件下平等交流、借鉴和创新，从而实现整个人类文明共同进步。

“一带一路”从理念到实践正在扬弃传统全球化，其方向不是单向度而是包容性全球化，特点不是资本全球化而是实体经济全球化，路径不是规则导向而是发展导向的全球化，目标不是竞争型而是共享型全球化，从而开创更有活力、更加包容、更可持续的新型全球化。

“一带一路”开拓中国外交新思路

黄日涵 华侨大学国际关系学院副教授

丛培影 中国青年政治学院助理研究员

“一带一路”的提出是中国外交思想的重大创新，它将充分依靠中国与相关国家既有的双多边机制及区域合作平台，并在此基础上为之注入新的内涵和活力。

“一带一路”将连接“中国梦”与“世界梦”

打开世界地图可以看到，“一带一路”这条世界上跨度最长的经济大走廊，发端于中国，贯通中亚、东南亚、南亚、西亚乃至欧洲部分区域，东牵亚太经济圈，西系欧洲经济圈。它是世界上最具发展潜力的经济带，无论是从发展经济、改善民生，还是从应对金融危机、加快转型升级的角度看，沿线各国的前途命运，从未像今天这样紧密相连、休戚与共。

“一带一路”不仅是实现中华民族振兴的战略构想，更是沿线各国的共同事业，有利于将政治互信、地缘毗邻、经济互补等优势转化为务实合作、持续增长优势。“一带一路”倡议中，经贸关系是合作的基础。遵循和平合作、开放包容、互学互鉴、互利共赢的丝路精神，中国与沿线各国在交通基础设施、贸易与投资、能源合作、区域一体化、人民币国际化等领域，必将迎来一个共创共享的新时代。

“一带一路”的建设也将有利于中国国内文化、旅游、贸易、金融、交通、基建等行业的快速发展。由此可见，“一带一路”的建设不仅有利于“中国梦”的实现，也有利于“世界梦”的实现，成为有效筑牢中国与周边国家“利益共同体”和“命运共同体”的关键要素。

“一带一路”将加速中国推进亚洲大区域合作战略

“一带一路”是中国政府着眼于整个全球战略发展态势和未来国家发展客观需要而进行的外交战略新布局。它契合了“亲、诚、惠、容”的周边外交理念和“命运共同体”的价值观基础，表明了中国外交整体布局朝着主动构建、积极协作的方向转型。

首先，从全球战略发展态势看，“一带一路”是另辟蹊径的理性必然选择。众所周知，美国为防范中国，在亚太地区巩固其结盟体系的基础上，提出“亚太再平衡”战略。如果中国继续将战略重心锁定在同一区域，将会过多地与美国发生接触，双方难免会发生摩擦与碰撞，影响两国关系发展。“一带一路”倡议不仅巧妙避开了与美国的战略碰撞，更重要的是有助于推进亚洲内部的区域合作，有利于加强欧亚大陆之间的合作。

其次，从未来发展的现实需要看，“一带一路”将助力中国实现长期可持续的发展。今后中国的发展需要石油、天然气等能源作战略支持与保障。中亚地区有丰富的天然气资源，作为石油进口大国，中国石油进口的一半来自中东地区，因而打造“21 世纪海上丝绸之路”的重要战略目标是保障“石油生命线”的安全。与此同时，“一带一路”覆盖的国家将为未来中国经济发展提供潜力巨大的市场，并助力中国深入实施西部大开发战略，使西部地区获得新的发展机遇。

最后，从中国外交实现转型看，“一带一路”能够将中国的文化与理念传播到周边国家和地区。“一带一路”覆盖的国家多数是发展中国家，在基础设施建设、资金技术、研发创新、产业承接转移等领域都需要获得外部支持与帮助。

中国作为新兴大国，在上述方面能够给这些国家提供必要的财力与人力支持。在这个过程中，也可以将中国所倡导的和平发展理念与“命运共同体”意识传达给周边国家，从而获得更加广泛的国际理解与支持，获取国际道德的制高点。

因为从世界历史发展的进程看，世界大国最终比拼的还是治国理念与核心价值能否得到广泛认同。

“一带一路”倡议的推进与实施面临的现实挑战

2014 年 9 月习近平主席应邀赴杜尚别出席上海合作组织成员国元首理事会第十四次会议，并对塔吉克斯坦、马尔代夫、斯里兰卡、印度进行国事访问。10 月，李克强总理出访德国、俄罗斯、意大利，并出席第十届亚欧首脑会议，推进“一带一路”建设是此行的重要着力点。

与此同时，“一带一路”的建设在中国与阿拉伯国家合作方面也取得了一定的进展，得到了相关国家领导人的高度赞赏和支持，是中国与相关国家分享经济高速发展红利的重要内容。“一带一路”倡议有利于将政治互信、地缘毗邻、经济互补等优势转化为务实合作、持续增长优势，但也要看到面临着内、外两方面的现实挑战与难题。

“一带一路”构想所覆盖地区的外部存在着制约因素。这种制约因素主要是如何处理与大国及区域合作组织的关系问题。美国在东南亚地区存在着重要战略利益，俄罗斯在中亚地区保持着传统的影响力，印度作为地区大国，一直希望主导南亚地区事务。如何协调好同上述大国之间的关系，将成为未来中国推进此战略需要面对的现实问题。

同时，东南亚、中亚、南亚都存在既有的成熟区域合作组织和机制，这些与“一带一路”倡议也存在战略重叠，如何处理好这些问题也将成为考验中国外交的现实问题。另外，中国政府向来注重双边外交，而对多边外交尤其是与地区合作组织的互动，关注度还不够。未来“一带一路”倡议的有效推进，也会面临如何同地区合作组织进行协调合作的问题。

“一带一路”从倡议到落实，承载着新的使命，孕育着新的生机，激扬着新的活力，必将是今后一段时期中国外交战略的主线之一。“一带一路”倡议构想未来，需要借助示范效应巩固影响力，其最佳实现路径可以首先通过与有深厚情感基础的国家开展有效合作，助力其经济社会得到发展，使得目标国民众得到切实的实惠，进而树立友好合作的地区典范，实现以点带面、以线带面，推动大区域交流与合作，最终实现“利益共同体”、“命运共同体”的外交理念。

“一带一路”：打通发展“痛点”，仰望人文“高点”

赵　磊　中共中央党校国际战略研究院教授

近年来，随着“一带一路”建设的不断推进，国际社会也愈发熟知“一带一路”这一词汇。但对于“一带一路”的基本内涵，以及这一内涵背后的时代潮流，尚待更加准确的完整的认识。

“一带一路”建设包含两个层次，一是找准“痛点”、医治“痛点”，打造利益共同体，使沿线各国人民实实在在感受到“一带一路”带来的好处；二是“展现文明”，打造责任共同体和命运共同体，使“一带一路”赢得充分尊重，深入人心。前者可谓“痛点经济学”，是“一带一路”的起点和抓手；后者实为“文化经济学”，是确保“一带一路”可持续发展的血脉和灵魂。

“互联互通”找准了“痛点”

“一带一路”的基本内涵是“互联互通”，这四个字找准了中国以及“一带一路”沿线的最大痛点。

所谓“痛点经济学”，意指人们体验中的痛点就是市场的赢利点和体制机制的完善点。在中国国内，丝路城市的痛点表现为，交通物流欠发达，产业层次属于中低端（以采掘业、资源加工业为主），外贸依存度较低，开放型经济占比较小，口岸基本上以转口贸易为主；10多条中欧班列的单向流（返程空驶导致运价高昂），就是痛点；中资企业在亚非拉市场游刃有余，但由于资质等问题，难以进入欧、美、澳等高端市场，就是痛点；中国有丰厚、绝伦的文化资源，但缺乏有全球竞争力的文化产品，所谓“有功夫、有熊猫，但没有功夫熊猫”，就是痛点。痛点就是发力点，也是市场的赢利点。

医治痛点要以“五通”为抓手，即政策沟通、道路联通、贸易畅通、货币流通、民心相通。为此，我们需要真正了解合作对象，了解沿线国家的差异性痛点，据此提供精准的“点穴式”产品。

例如，中亚五国中的塔吉克斯坦和吉尔吉斯斯坦，两国经济基础薄弱、产业结构单一，但水资源丰富，且开发量不足。针对这两国的“痛点”，中国政府和企业应将同他们的合作重心放在水资源利用以及国际旅游业的联合开发上，在合作中要真正惠及对方民众。

再如巴基斯坦，该国电力短缺问题由来已久。“一带一路”倡议自2013年推出以来，一批中国公司建设的电力能源项目在巴开工或建成投产。中国建设的电力项目周期短、见效快，缓解了巴基斯坦政府和民众的燃眉之急，受到了巴方各界的欢迎。

在中长期，医治痛点要实现硬联通与软联通的结合。就产品类型来看，要尽快完善“轻资产”名录。中国企业目前“走出去”的很多是港口、高铁、核电、大坝这样的“重资产”项目，如瓜达尔港、中巴经济走廊、孟中印缅经济走廊、中俄西线天然气管道项目、尼加拉瓜运河等，这些项目投资较大、周期较长、风险较大。因此，我们要打造一批有品牌价值的轻资产项目，如餐饮、民俗、文化、教育、中医药等产业，让这些产品走到沿线百姓的生活中去，发挥“润滑剂”和“黏合剂”的作用。

激发分享中国文化的冲动

国内外很多学者常用地缘政治学或政治经济学的工具去分析“一带一路”，但我们更愿意将“一带一路”视为“文化经济学”的典型案例。理想中的“一带一路”产品，应该同时兼顾经济收益与文化收益。其实，“一带一路”之所以广受欢迎，不仅仅因为它是一个关系各国利益的经济事项，更因为它能够成为一个备受关注、引起共鸣的文化事项。

在话语权塑造方面，“一带一路”是对传统理念的超越。在国际社会中，“中心—边缘”秩序长期存在，这一秩序在国际政治上的特点是：以民族国家为核心、以“典型欧洲范式”的主权国家框架去规范世界不同的政治主体；这一秩序在全球经济上的特点是：以全球化为核心、以“资本主义范式”的“中心—边缘”框架去约束世界不同经济体，其内在逻辑是“中心侵蚀边缘”，“边缘依附中心”。中心国家是那些在世界体系中占据主导地位，依靠先进技术和工业产品控制支配其他国家的国家；边缘国家指那些不得不以出口自然资源和初级产品而受控于中心国家的国家。今天，欧洲的难民潮问题表明，被边缘的人群极易影响到中心国家的安全。

“一带一路”倡议的活力，直接体现在“路、带、廊、桥”等以“去中心”为特点的中国话语，其语义实质是平等、包容，代表着国际社会的“非极化”“去边缘”的发展倾向。人们不难看到，“互联互通”已开始成为一种时尚，“痛则不通、通则不痛”的中国文化与哲学思想开始备受瞩目。

从“文化经济学”视角来看，“一带一路”倡议就是读心、暖心、交心的过程，也是打造经济与文化精品的过程。要建成“一带一路”，必须在沿线国家民众中形成一个相互欣赏、相互理解、相互尊重的人文格局。

“一带一路”最大的魅力或许在于，它能够激发沿线国家分享中国文化的冲动，这种冲动能够使中国文化行走起来，给“一带一路”提高温度。这需要我们以开放的视野、谦虚的态度、合作的精神，打通“一带一路”沿线国家经济发展的痛点，最终抵达文化与文明交流的制高点。

探索：合作创新

『丝路+』机制建设及其意义

『一带一路』：汇聚创新大联盟

科技创新打造『一带一路』合作新亮点

中美在『一带一路』框架下的合作大有可为

『一带一路』与中美在非洲基础设施建设中的合作

“丝路+”机制建设及其意义

马　斌　复旦大学国际问题研究院助理研究员

“一带一路”倡议提出至今已有5年。在过去的5年时间里，中国与沿线国家积极探索共建“一带一路”的有效途径，逐渐形成了以核心丝路机制为依托的“丝路+”机制框架，这既为“一带一路”项目实施提供了坚实平台，也为完善全球治理体系做出了有益尝试。未来，“一带一路”发展仍然离不开“丝路+”机制的拓展和完善。

机制平台搭建和对接是推动“一带一路”发展的前提。对中国而言，支撑“一带一路”发展的相关机制包括内外两个层次。其中，中国国内建立的丝路机制是“一带一路”倡议得以推进的主要基石，也是各类丝路机制的核心组成部分。

“一带一路”倡议提出后，中国启动了创设国内丝路机制的系列工作，以期理顺涉及的各项关系，奠定“一带一路”长远发展的基础。

具体来说，《推进共建丝绸之路经济带和21世纪海上丝绸之路的愿景与行动》明确了“一带一路”的顶层设计；中央政府各部委和地方政府出台的对接方案充实了“一带一路”倡议的具体内涵；国家成立推进“一带一路”建设工作领导小组，有关部门普遍建立工作领导机制，更为“一带一路”

发展提供了制度支持。

此外，在“一带一路”所涉及领域建立的工作机制，如国家发改委同13个部门和单位在2017年初建立“一带一路”PPP工作机制，则有力拓展了“一带一路”项目的实施前景。

更引人关注的是，亚洲基础设施投资银行、丝路基金等“一带一路”关键配套机构的建立，为“一带一路”项目开展提供了更加具体的抓手。虽然亚投行成员国众多，中国投票权也不占压倒性优势，但中国在亚投行成立过程中无疑扮演了主导性角色。这让亚投行成为中国推进“一带一路”建设的关键步骤之一。

正是由于中国在国内建立起支撑“一带一路”发展的各项工作机制、协调机制，“一带一路”才能在短短的5年时间里取得令人瞩目的成绩。

当然，仅仅依靠中国国内的丝路机制无法实现与沿线国家和衷共济的崇高目标。“一带一路”作为中国与沿线国家共同的事业，需要相关各方遵照共商、共建、共享的基本原则，立足现实，着眼未来，积极推动不同主体之间的机制平台对接，从多个层次、多个领域为“一带一路”发展奠定基础。

换言之，以中国国内丝路机制为基础构建和拓展“丝路+”机制框架是实现“一带一路”发展的重要方式。事实上，中国与“一带一路”沿线国家在过去5年里已经在建立和完善“丝路+”机制方面做了大量工作，有力地促进了“一带一路”发展。

简单来看，中国主要从两个方向来推动“丝路+”机制建设。首先，与“一带一路”沿线国家围绕创建双多边合作机制。其次，与国际组织合作搭建“一带一路”发展平台。

得益于中国的积极推动，联合国、世界银行、上海合作组织、欧亚经济联盟、欧盟、东盟等重要国际组织目前或将“一带一路”纳入相关决议，或与中国签署对接协议，或明确表达了合作意愿，从而支持了中国与沿线国家共建“一带一路”的努力。

争取和获得国际组织的支持能在一定程度上提升“一带一路”的国际声誉，降低部分国家的怀疑和担忧，是改善“一带一路”所面临的外部环境有效方式。

各类双多边“丝路+”机制在“一带一路”建设过程中

发挥的核心功能可概括为：为中国与沿线国家的发展规划对接提供渠道；为中国与沿线国家的争端解决提供依据。

通过回顾上述推动“一带一路”建设的功能发挥过程可以发现，中国与沿线国家建立的双边“丝路+”机制是“一带一路”发展的关键支柱，中国与国际组织搭建的多边“丝路+”机制是“一带一路”发展的重要平台。

不管是双边还是多边“丝路+”机制的核心功能可否得到发挥，以及能在何种程度上发挥，在一定意义上取决于它们与中国国内丝路机制联系的匹配度。这主要是因为与其他沿线国家相比，中国已建立起涵盖领域更广、职能划分更细的丝路配套机制。特别是像亚投行、丝路基金等拥有丰富资源和积极态度的核心配套机构成立，使“丝路+”机制建设具有了前景更广阔的立足点。

当然，这类机构也存在不足之处，比如运营经验不足等等。不过，这并非难以克服的障碍。以亚投行为例。世界银行、亚洲开发银行、欧洲复兴开发银行等与亚投行开展类似业务的机构在发展过程中积累了大量的成功经验和失败教训，并逐步建立起一整套相对稳定的运转和评价体系，亚投行既可将其经验和教训作为参考借鉴对象，也可与这部分机构合作实施有关项目。实际上，亚投行已经与亚开行、世界银行、欧洲复兴开发银行等机构展开磋商、交流，并启动了项目合作。比如，亚投行同欧洲复兴开发银行、世界银行等就在中亚地区的基础设施建设项目上进行了合作。相比之下，与中国国内丝路机制匹配度较高的“丝路+”机制能够更好地发挥其积极功效，推动“一带一路”发展。

“丝路+”机制的建立和完善，除了可以助力“一带一路”发展之外，还有更加宏大的意义，它能够推动全球发展体系和全球治理体系不断走向完善。

众所周知，“一带一路”倡议提出的背景，恰恰是当前全球治理体系在面对复苏乏力的全球经济、持续爆发的全球问题时，拿不出能够尊重各方意愿、体现各方利益、有效克服困境的方案来。

而“一带一路”倡议在发展领域与联合国推动落实2030年可持续发展议程相通，中国与“一带一路”沿线国家在五大优先领域开展的合作，会有力推动实现2030年可持续发展议程的17项可持续发展目标；在全球治理领域，中国与沿线国家在推进“一带一路”建设过程中奉行和平合作、开放包容、互学互鉴、互利共赢的理念，能够满足参与各方对公正、平等、相互尊重等全球治理基本价值的需求，从而有利于调动各方积极因素，集中精力解决发展和治理难题。

与此同时，中国与沿线国家围绕“一带一路”搭建的“丝路+”机制框架，也是对原有全球治理体系的有益补充，因为它至少为中国与这部分国家处理共同关注的问题提供了新渠道。这对应对日益复杂的全球问题挑战是一种帮助。

总之，中国与沿线国家、国际组织在推进“一带一路”建设过程中形成了多种“丝路+”机制框架，为它们巩固“一带一路”发展成果、探索实现共同利益的有效方式等提供了保障。“丝路+”机制框架的发展不仅能为中国与沿线国家共建“一带一路”提供支撑，还是完善全球治理体系的有益尝试。

“一带一路”：汇聚创新大联盟

韩庆娜　青岛大学政治与公共管理学院副教授

自“一带一路”倡议提出以来，欧亚经济如添两翼，“丝绸之路经济带”和“21世纪海上丝绸之路”已经从一个以基础设施、人员交流和规章制度为主的经济发展规划扩展成为包括货运、物流、服务、信息化和数字化等在内的全方位联动工程。

千百年前，古代“丝绸之路”上古道沧桑、骆驼漫步、丝路风雨、飘摇不定，人们探索着一条未知而又艰险的商业贸易路线。今日“一带一路”秉承丝路精神，着眼全球化的大视野，以带路通开启贸易通、物流通、信息通、网络通等虚拟与现实交错的互联互通综合体。因而，“一带一路”并非古代“丝绸之路”的现代版，而是21世纪高科技、创新型经济技术发展的升级版。

“一带一路”倡议最初设计的重头戏是包括公路、铁路、桥梁和港口在内的基础设施建设，创造条条大路连通海内外的贸易路线，在中国与欧洲、非洲大陆之间打造横贯东西的海陆通途，这不仅仅是中国现代化的标杆产业——高铁技术飞跃式发展的结果，更是中国与世界其他国家分享经济繁荣与腾飞的大义之举。

“一带一路”不是“要想富先修路”的国际版，而是一个牵一发而动全身的系统工程，以路为本，打通欧亚经济的大动脉；以高铁搭线，带动全球科技创新的新局面。

“一带一路”彰显交通理念的创新与实践

古人依靠骆驼和指南针来实现人员和物品的往来流通，而今中国高铁承载着贯通欧亚贸易走廊的新通道、重塑经济格局新形态的重要使命。曾几何时，中国尚且惊叹于日本新干线的飞天速度，如今不断刷新“新速度”的中国高铁已经进入寻常百姓家。当具有“纯中国血统”的“复兴号”将中国推向世界高铁商业运营速度最快国家的位置时，当中国已全面独立掌握高铁核心技术时，中国高铁制造与技术研发力量的崛起令世界瞩目。横跨欧亚大陆的交通网络将深入欧亚腹地、打通贸易投资的经脉，绵延不断、生生不息地奔腾流淌。美国战略与国际研究中心的研究员乔纳森·希尔曼把“一带一路”建设中的亚洲喻为“新型交通理念的实验场”。

“一带一路”扩展国际贸易的维度与空间

“一带一路”倡议涵盖了世界大约2/3的人口、1/3的国内生产总值以及1/4的货物与服务，将发展成为世界最大的对外贸易与地区合作平台。秉承务实合作、包容性发展的理念，“一带一路”进行国际运输路线新布局的同时，也将重构对外贸易新格局。货物所达，交通可至；交通所至，货物可达。基础设施的配套与供给无疑将提升贸易的畅通与便利化水平；优质产能的输出与共享将促进东西方的资源整合实现利益最大化。在逆全球化的浪潮中，推动国家间合作的共商、共享与共赢；在保护主义抬头的势头中，为自由贸易保驾护航。

“一带一路”突破物流的局限与极限

在货物送达有限的区域范围内，物流技术与装备只需适用于传统货物运输的地理条件与距离。当物流跋涉的空间延伸到从中国的西部到欧洲的斯堪的纳维亚，从中国的沿海港口到印度洋；当货物途经地区的气候温差高达数十度、面临酷暑与严寒的双重考验时，攻克物流技术难题被提上日程，能够自动控温的智能集装箱应运而生。这种耐热抗寒的运输载体装载着以前不曾远去的万千货物上演着一场场“鲁滨孙漂流记”。与此同时，全自动化集装箱作业也迈入新时代。2017年5月，青岛港全自动化集装箱码头投入运营，实现全电力、零排放、无灯光作业，成为亚洲第一个全自动化的集装箱码头。

“一带一路”推进“智慧城市”的构建与发展

数字化与网络化平台的前沿阵地就是“智能城市”建设，这是一种将城市运转与信息、技术、通讯等高度融合的新型模式。美国外交关系委员会亚洲问题研究助理瑞秋·布朗（Rachel Brown）认为中国的“一带一路”走向了“数字化”，中兴软创科技股份有限公司甚至把带路倡议解释为“数据带、信息路”。坐落于古代“丝绸之路”沿线的银川是中国“智慧城市”的样板，以脸部识别软件和二维码为标志的技术服务为人类生活方式带来前所未有之变革。无论是交通引导，还是节能减排；无论是公共安全，还是市政服务，智慧城市系统都给予居民全方位的科学引导，使人们的生活更加高效、便捷，也提高了城市的现代化水平，展示了创新城市建设的新面貌。

5 年前，当中国领导人初次揭开“一带一路”的神秘面纱，或许没有料到会在将来掀起一场声势浩大的革新与创新运动。“一带一路”倡议启动后，快速蔓延至包括“数字丝绸之路”、“信息丝绸之路”在内的高科技、创新型行业，从最初以基础设施建设为重，发展到现在科技创新遍地开花的新局面。

而今，第四次工业革命悄然迫近，中国在历史上第一次与西方国家并肩而立，共同应对这场历史性的时代变革。在深化改革开放、坚持“走出去”战略的指导下，中国的技术创新与制造能力日新月异，迅速成长为世界经济活动与科技突破的主力军。作为世界生产、供应、物流和销售市场中不可忽视的重要力量，“一带一路”升华了中国与世界在诸多关键领域的多层互动与连接。

在中国崛起的时代背景下，适逢国际关系的碎片化充斥全球，“一带一路”倡议是中国对全球化的有力声援和对全球公共物品的积极供给，展现了中国践行大国外交的责任担当与开拓进取、合作共赢的大国风范。

科技创新打造“一带一路”合作新亮点

龚 婷 中国国际问题研究院助理研究员

习近平主席在“一带一路”国际合作高峰论坛开幕式上的演讲中明确指出，创新之路是“一带一路”建设的五大未来方向之一。“一带一路”建设本身就是一个创举，搞好“一带一路”建设也要向创新要动力。

科技创新国际合作成果丰硕

“一带一路”倡议提出以来，中国与相关国家科技创新合作取得显著成果，在相关领域中国主动作为，为相关国家提供了诸多公共产品。

一是推进科技人文交流，支持相关国家一大批青年科学家来华开展科研工作，为相关国家培养了上万名科学技术和管理人才，并在相关国家广泛举办各类技术培训班。例如，2013年科技部启动实施了“亚非杰出青年科学家来华工作计划”，支持亚非地区45岁以下的杰出青年科学家来华工作。目前已有来自印度、巴基斯坦、孟加拉国、缅甸、蒙古国、泰国、斯里兰卡、尼泊尔、埃及等国家200余名青年科学家来华在各领域开展科研工作。2011年—2016年，科技部共举办了200多个发展中国家技术培训班，学员总数

5000余人次。

二是共建了一批联合实验室或联合研究中心。近几年来，科技部支持建设了中国—蒙古生物高分子应用联合实验室、中国—埃及可再生能源联合实验室、中国—柬埔寨食品工业联合实验室、中国—尼泊尔地理联合研究中心、中国—东盟海水养殖联合研究与示范推广中心等联合研究平台，并积极与埃及、印尼、巴基斯坦、斯里兰卡等国家在水资源、生物技术、棉花生物技术等领域筹备建设联合实验室。国家级联合实验室的建设，有力推动了与沿线国家科研机构建立长期稳定的伙伴关系，开展高水平联合研究，加强科技人员交流、促进技术转移，推动了相关产业的发展。

三是科技园区合作成为新的亮点和“国际名片”。中国通过建设高新区或科技园区的方式汇聚创新要素、促进经济增长的做法成为相关国家关注的兴趣点，目前已有包括埃及、伊朗、蒙古、泰国、老挝等在内的多个亚非沿线国家对中国明确提出开展科技园区合作的需求，已与部分国家签署了科技园区合作协议，将在科技园区规划、建设、管理、运营、人员培训、激励政策制定、产业合作、引导企业入驻等各方面开展合作。

四是推动创新共同体建设，初步形成区域技术转移协作网络。中国建设了面向东盟、南亚、中亚、阿拉伯国家、中东欧等地区和国家的一系列区域和双边技术转移中心及创新合作中心，包括支持广西开展“中国—东盟技术转移中心”建设、云南开展“中国—南亚技术转移中心”建设、宁夏开展“中国—阿拉伯国家技术转移中心”建设、新疆开展“中国—中亚科技合作中心”建设、江苏开展“中国—中东欧国家技术转移虚拟中心”建设等，并与上述地区和国家共同举办年度或两年一度的技术转移和创新合作大会。

科技创新将是“一带一路”合作的新亮点

为了发挥科技创新在“一带一路”建设中的引领和支撑作用，科技部、国家发改委、外交部、商务部等多部委已于2016年9月联合发布了《推进“一带一路”建设科技创新合作专项规划》。

《规划》明确了以打造“发展理念相通、要素流动畅通、科技设施联通、创新链条融通、人员交流顺通”的“一带一路”创新共同体为目标，指出了密切科技人文交流合作、加强创新合作平台建设、促进基础设施互联互通、共建特色园区、强化合作研究等 5 项重点任务。并结合“一带一路”沿线国家科技发展水平，提出了在农业、能源、交通、信息通信、资源、环境、海洋、先进制造、新材料、航空航天、医药健康和防灾减灾等 12 个重点领域优先开展科技创新合作。

在此次峰会上，“创新之路”的权重和分量进一步得到提升。作为“和平之路、繁荣之路、开放之路、创新之路、文明之路”的有机组成部分，“创新之路”包含 4 个层次的目标：一是建设 21 世纪的数字丝绸之路，加强在数字经济、人工智能、纳米技术、量子计算机等前沿领域合作，推动大数据、云计算、智慧城市建设；二是坚持创新驱动发展，促进科技同产业、科技同金融深度融合，优化创新环境，集聚创新资源；三是为互联网时代各国青年打造创业空间、创业工场；四是坚持联合国 2030 年可持续发展目标，践行绿色发展的新理念，倡导绿色、低碳、循环、可持续的生产生活方式，加强生态环保合作。

为落实上述目标，习主席在峰会上提出旨在加强中国与相关国家合作的"'一带一路'科技创新行动计划"。

一是开展科技人文交流，加强中国与沿线国家科技界之间的广泛交流与互动，鼓励和支持沿线国家来华开展创新创业合作和交流，大幅提高科技人文交流的规模和质量，形成多层次、多元化的科技人文交流机制。

二是建设一批新的联合实验室或联合研究中心，集成联合研究、科技人才交流与培养、先进适用技术转移、科技形象宣传与展示等功能，搭建长期、稳定的科技创新合作平台。

三是以高新区、科技园及企业为主体，通过协助沿线国家进行园区规划、开展人才交流与培养、产业对接、鼓励有条件的国内园区和企业参与沿线国家园区建设等方式，推进国家高新区与沿线国家科技园区合作，推广高新区和科技园发展的先进经验和理念，探索海外科技园区共建模式。

四是充分发挥与东盟、南亚、中亚、阿拉伯国家、中东欧等地区和国家共建的一系列区域和双边技术转移中心及创新合作中心的辐射和带动作用，挖掘双方企业的合作需求，推动先进适用技术转移，促进沿线国家科研机构、大学和企业共同开展创新创业。

具体而言，中国积极承担大国责任，将提供以下几个方面的公共产品：一是中国在未来5年内安排2500人次青年科学家来华从事短期科研工作；二是中国将培训5000人次科学技术和管理人员；三是中国将投入运行50家联合实验室；四是中国将设立生态环保大数据服务平台，倡议建立“一带一路”绿色发展国际联盟，并为相关国家应对气候变化提供援助。

中美在“一带一路”框架下的合作大有可为

赵明昊　复旦大学国际问题研究院研究员

“一带一路”已经成为中国发展的支柱性方略和中国外交的主轴之一，其对中美关系的影响也日益显现。

2017年4月，习近平主席访问美国与特朗普总统举行“海湖庄园会晤”期间表示，中方欢迎美方参与“一带一路”框架内合作。5月，美国派出以白宫国家安全委员会东亚事务高级主任波廷杰为团长的代表团，参加在北京举办的“一带一路”国际合作高峰论坛。6月，首轮中美外交安全对话结束后，特朗普总统会见杨洁篪国务委员时表示，美方愿同中方在“一带一路”有关项目上进行合作。“一带一路”将为中美关系发展带来诸多重大机遇，如果美国方面能够积极参与“一带一路”合作，将有助于未来一个时期打造“一带一路”的升级版，并且为中美关系的健康稳定向前发展集聚正能量。

美国是“一带一路”建设的利益攸关方

“一带一路”倡议提出5年来，已经取得一系列重要进展，同时也凸显出一些问题，特别是如何处理好“沿线国家”与“相关国家”的关系。

应该说，美国虽并不位于“一带一路”沿线，但却是不容忽视的“相关国家”。比如，在“一带一路”沿线国家中，有20多个国家有美国驻军或与美国存在军事同盟关系，美国16个“非北约盟国”中有10个以上处于该区域，如巴基斯坦、阿富汗、澳大利亚、埃及等。随着“一带一路”建设不断向西扩展，将有不少项目牵涉北约成员国。显然，美国在相关国家中的政治和安全影响力不可低估。

此外，近年来美国也提出并推动了一些地区经济一体化方案，如“新丝绸之路”“印太经济走廊”“美国—东盟联通倡议”等，这些方案如何落实，也将对“一带一路”建设带来一定影响。

希拉里曾生动描绘了“新丝绸之路”的愿景：“土库曼斯坦的气田将能满足巴基斯坦和印度不断增长的能源需求，并为阿富汗和巴基斯坦提供可观的过境收入。塔吉克斯坦的棉花将运往印度制成棉布。阿富汗的家具和水果将出现在阿斯塔纳、孟买甚至更远地方的市场。”

到了2014年，“新丝绸之路”计划进一步聚焦4个主要领域，即发展地区能源市场、促进贸易和交通、提升海关和边境管控、加强商业和人员联系。

从理论上讲，“新丝绸之路”计划与中国提出的“丝绸之路经济带”构想有不少相近之处，两者存在相互对接、相互促进的可能性。美国进步中心研究员阿里拉·维耶赫（Ariella Viehe）认为，“如果‘一带一路’倡议和‘新丝绸之路’相互补充而不是为同样的资源而竞争，那么，它们就更有可能取得成功。”

“一带一路”倡议的落地，有赖于更有效地处理大国战略博弈等难题，这必然包括如何应对美国。此前的奥巴马政府对“一带一路”倡议抱有较强戒备心理，尤其是对中国倡议设立的亚洲基础设施投资银行（亚投行）。但英国、德国、法国、韩国、澳大利亚等国却不顾美国阻力，选择成为亚投行的创始成员国。2016年1月16日，亚投行正式开始运营。2017年3月，美国另一重要盟友加拿大也加入了亚投行。

在奥巴马执政后期，实际上已经意识到调整应对策略的重要性。2015年3月，时任常务副国务卿布林肯（Antony Blinken）在布鲁金斯学会就“中亚的长久愿景”发表演讲称，中国在中亚是一个非常主要的参与者，中国的参与并非

“零和游戏”，有助于加强亚洲在陆上和海上的互联互通。同年6月，时任助理国务卿帮办理查德·霍格兰德（Richard Hoagland）还曾带队访华，与中国国家发改委官员进行交流，探寻“新丝绸之路”与“一带一路”如何对接。中国方面则明确表示，“一带一路”倡议并不会刻意将美国排除在外。2015年9月，习近平主席访问美国期间强调，“一带一路”是开放包容的，欢迎美国参与到“一带一路”的合作中来。

中美能够合作吗？

2017年1月，美国总统特朗普正式上台执政，其主要政策路线是“美国优先”，主张全面调整美国的国际贸易政策，尤其是针对中国、德国等贸易大国。中方提出通过“做大蛋糕”的方式来解决中美经贸摩擦，包括在基础设施、能源等领域扩大务实合作。

显然，“一带一路”有望为“做大蛋糕”提供空间和机遇，美国战略界对此有所期待。2016年11月，中央情报局前局长伍尔西（James Woolsey）公开撰文称，美国应支持中国在全球事务中寻求更大发言权，奥巴马政府反对中国倡导设立的亚投行是一个"战略性错误"，希望特朗普政府对"一带一路"做出"热烈得多的"回应。战略与国际问题研究中心高级研究员张克斯（Christopher Johnson）等人则呼吁，美国不应过度夸大"一带一路"的地缘政治意涵，需要认真对待这一将深刻影响中国内外政策的重要倡议。

此外，还有美国重要智库专家认为"一带一路"并非必然导致中美之间的"零和博弈"。彼得森国际经济研究所所长波森（Adam Posen）等称，美国国内有不少人对"一带一路"抱有"等着看它失败"的态度，但是"让中国失败"并非必然对美国有利，在促进地区发展等问题上，美中不完全是"你输我赢"的关系，不妨考虑"让中国成功"。与此同时，很多美国智库都在加大对"一带一路"的关注和研究力度，如战略与国际问题研究中心设立"重新连接亚洲"（Reconnecting Asia）项目。此类项目大多得到美国大企业和实力较强的基金会的支持。

中美在"一带一路"框架下的合作可以从三个方面着力。第一，推动美国企业积极参与"一带一路"建设。通用电气公司、卡特彼勒公司等美国企业对"一带一路"深感兴趣，它们希望出售更多设备、技术和服务。英国《经济学人》刊文称，2016年通用电气公司从“一带一路”项目的设备订单中赚取了23亿美元，大约是2015年的3倍。

其次，中美可以在国际机制层面开展合作。亚投行已经与美国主导的世界银行、亚洲开发银行等开展紧密合作，它们为孟加拉、塔吉克斯坦等国的项目提供了联合融资。如今，全球人口数量已突破70亿，但现有的基础设施仅能满足30亿人的需求。中美应思考构建“全球发展伙伴关系”，这不仅会给相关国家带来福利，也将为中美两国创造新的经济增长空间。

第三，中美还应探索推进安全领域的合作。2016年12月，兰德公司发布报告称，随着“一带一路”建设的进展，中国越来越需要为其在世界各地的投资和企业提供安全保障，保护居住在国外的中国公民，安全而可靠地获得能源和其他自然资源，以及自由地利用关键的海运航线。未来，中美可就“一带一路”的安全保障问题展开一定的政策协调与合作，包括反恐、反海盗、打击跨国犯罪等。

总之，中美在“一带一路”框架下的合作大有可为。中国方面需要继续与特朗普政府进行政策沟通，提升其支持和参与“一带一路”建设的政治意愿。此外，要注重加大与美国商会、相关美国企业等民间力量的沟通，探索在巴基斯坦等国开展非官方的、市场化的中美“第三方合作”，为美国企业参与“一带一路”建设打造更便捷的“接口”。

“一带一路”与中美在非洲基础设施建设中的合作

贺文萍　中国社会科学院西亚非洲研究所研究员

自2013年中国政府提出“一带一路”倡议5年来，“一带一路”已日益成为中国和平发展外交的一张亮丽名片，以及广受国际社会欢迎的全球公共产品。

5年来，已经有100多个国家和国际组织参与“一带一路”合作,多数沿线国家与中国签署了共建“一带一路”的合作协议。拥有丰富资源和巨大市场潜力以及强劲基础设施建设需求的非洲大陆和沿线国家一样，也积极参与到“一带一路”建设之中，并希望在参与的过程中抓住这一发展的重要历史机遇。

美国特朗普政府虽然有意削减对非洲的援助，但却希望在“美国优先”的思想主导下，推动美国国内基础设施建设的升级换代。虽然中国聚焦非洲，而美国更关注国内，但在基础设施领域的交集其实也客观上创造了一个中美双方可以借助“一带一路”倡议在非洲合作的切入口。

近年来，随着“一带一路”倡议的推进，中非经济合作正以互联互通和产能合作为抓手稳步向前推进。

首先是通过“一带一路”战略对基础设施等互联互通项目的投资来带动非洲的工业化发展。帮助非洲打造从地面到天空的铁路网、公路网以及非洲区域航空网络等“三大网”的建设，以助力非洲实现其把非洲所有国家的首都用铁路连接起来的“世纪梦想”，以及大力推进非洲工业化及经济一体化的进程，这不仅是中国的大国责任以及作为非洲真诚发展伙伴的必然担当，同时也是中非经贸合作转型升级的必然要求。

2015 年 12 月中非合作论坛约翰内斯堡峰会提出的中非“十大合作计划”中，“中非工业化合作”和“基础设施合作”是其中最为重要的合作内容，也是推动非洲经济发展的“双引擎”。中国为此专门设立了首批 100 亿美元资金的“中非产能合作基金”，还为中非发展基金和非洲中小企业发展专项贷款各增资 50 亿美元。并拟与非洲合作新建或升级一批工业园区，设立一批区域职业教育中心和若干能力建设学院，为非洲培训 20 万名职业技术人才，提供 4 万个来华培训名额。

目前，中非产能合作已取得重要早期收获，亚的斯亚贝巴至吉布提的铁路已于 2016 年 10 月如期竣工通车，蒙巴萨—内罗毕铁路顺利推进并于 2017 年竣工，两条铁路沿线工业园区和产业带建设也已初见成效。

据不完全统计，自中非约翰内斯堡峰会以来，中非签署协议总计已达245项，涉及金额507.55亿美元。从结构上看，中国对非援助仅占协议总额的1.07%，优惠性质贷款仅占6.24%，而中国企业对非直接投资和商业贷款合计465.53亿美元，占协议总金额的91.73%，中非合作出现了从以政府援助为主向企业投资和融资合作为主的转型，从一般商品贸易向产能合作和加工贸易升级，从工程承包向投资和金融合作升级的良好势头。

美国总统特朗普不久前表示，其关于美国的基础设施建设计划已经快要完成，该计划预计将在10年中花费1万亿美元。据悉，该计划不仅包括公路大桥的建设，还包括能源、水、潜在宽带和退伍军人医院的建设等等。近期还有消息称，特朗普政府有意加强与中国在基础设施建设领域的合作，而富有资金和技术优势的中国公司也摩拳擦掌，准备到美国的基建市场大展身手。在人们畅想中美公司在美国的基础设施建设中开展合作的美好图景时，其实我们只需把思维半径稍加放大，把视野投向非洲，同样可以看到中美以“一带一路”倡议为契机在非洲基础设施建设中合作的前景。

非洲大陆每年基础设施建设的资金缺口高达1000亿美元。在融资方面，中美首先可以尝试通过中国倡议推动成立的亚投行、金砖银行（现更名为“金砖国家新开发银行”），以及中国出资设立的“丝路基金”与美国主导的世界银行、亚洲开发银行等机构合作，共同投资非洲的基础设施建设项目；其次，随着中非合作出现从以政府援助为主向企业投资和融资合作为主的转型，中国企业（包括国企以及越来越多的民营企业）与美国企业共同投资、承建甚至运营非洲的基础设施建设项目也并不是一个遥不可及的“空中楼阁”。

非洲国家以及非洲联盟为加快工业化和基础设施建设进程，早已制定了《非洲发展新伙伴计划》（the New Partnership for Africa's Development–NEPAD，2001年发布）、《加速非洲工业化发展行动计划》（2008年发布）、《非洲基础设施发展规划宣言》（2013年发布）以及《非洲2063愿景》（Agenda 2063，2013年发布）等重要发展战略文件。

非洲希望通过与中国“一带一路”发展战略的对接，抓住历史发展机遇，推动非洲工业化和基础设施建设的进程，将 21 世纪打造为非洲发展的世纪。而在这一历史进程中，作为世界第一和第二大经济体的美国与中国，理应承担起历史的责任。

倡议：包容相通

『人类命运共同体』助推『一带一路』建设

『一带一路』建设应彰显三大中国元素

媒体应细化『一带一路』的对外传播

国家外语能力建设与『一带一路』的民心相通

妥善应对『一带一路』建设的地缘政治风险

“人类命运共同体”助推“一带一路”建设

左凤荣　中共中央党校国际战略研究院教授

习近平新时代中国特色大国外交思想，明确把“坚持推动构建人类命运共同体”作为中国对外战略的总目标，体现了中国共产党谋求人类社会发展美好未来的目标追求。“一带一路”是中国为构建人类命运共同体提供的公共产品，同时，人类命运共同体理念也有助于推进“一带一路”建设。

“人类命运共同体”理念体现了中国共产党的进步性

“构建人类命运共同体”是新时代中国外交高举的一面旗帜，回答了人类社会向何处去这一重大命题，为解决国际社会面临的各种全球性挑战提出了中国方案。

中国外交政策的新理念占据了人类道义的制高点，表明中国共产党人愿意为解决全人类面临的问题作出自己的贡献。“中国共产党是为中国人民谋幸福的政党，也是为人类进步事业而奋斗的政党。中国共产党始终把为人类做出新的更大的贡献作为自己的使命。”中国作为一个共产党领导的社会主义国家，在自己发展壮大起来后，并没有像历史上那些列强那样，称霸和领导世界，而是努力让自己的发展惠及世界人民，特别是惠及发展中国家。

以“一带一路”建设为契机，开展跨国互联互通，提高贸易和投资合作水平，推动国际产能和装备制造合作，本质上是通过提高有效供给来催生新的需求，实现世界经济再平衡。中国巨大产能和建设能力走出去，支持沿线国家推进工业化、现代化和提高基础设施水平，有利于稳定当前世界经济形势。

“一带一路”倡议就是要做大发展的蛋糕，让那些还没有实现发展的国家分享中国发展的成果，解决世界发展不平衡的问题，共创人类美好的未来。

“人类命运共同体”所追求的目标在“一带一路”得到了很好的体现

人类命运共同体的实质是建设一个“持久和平、普遍安全、共同繁荣、开放包容、清洁美丽”的世界，这五组关键词回应了全球性挑战，表达了建立在崇尚世界大同、人类一家的优秀传统文化基础之上的中华文明的世界追求。

当前世界正处于大变化大调整时期，各种不确定因素频现。英国脱欧，美国不断从各种国际组织中退出，冲击世界自由贸易体制，世界面临的不稳定性不确定性凸显；乌克兰冲突，俄美尖锐对立，大国关系面临严峻挑战；世界经济增长动能不足，贫富分化日益严重；地区热点问题此起彼伏，恐怖主义、网络安全、重大传染性疾病、气候变化等非传统安全威胁持续蔓延。在人类面临许多共同挑战的背景下，习近平主席大力倡导和推进的“一带一路”倡议就是要寻找各国更多利益交汇点，培育各国新的利益交汇点，用“利益共同体”把各国和各地区联成“命运共同体”。

中国通过“一带一路”，构建互利合作格局，承担国际责任义务，增加同各国利益汇合点。“一带一路”有助于实现世界的持久和平、普遍安全和共同繁荣，推动世界的开放包容，共同建设一个清洁美丽的世界，打造人类命运共同体。

中国全球治理方案为“一带一路”建设提供了强大的推动力量

党的十八大以来中国共产党身体力行，为建设新型国际关系、构建人类命运共同体做了大量工作，走出了一条与传统大国不同的强国之路。中国发挥负责任大国作用，顺应世界经济全球化发展的潮流，积极参与全球治理体系改革和建设。

中国发起创办亚洲基础设施投资银行，设立丝路基金，先后举办首届“一带一路”国际合作高峰论坛、亚太经合组织领导人非正式会议、二十国集团领导人杭州峰会、金砖国家领导人厦门会晤、亚信峰会等，都有助于推进“一带一路”建设。

“人类命运共同体”理念将促进“一带一路”国际合作

党的十八大报告提出，“要以‘一带一路’建设为重点，坚持引进来和走出去并重，遵循共商共建共享原则，加强创新能力开放合作，形成陆海内外联动、东西双向互济的开放格局。”

“一带一路”以实现政策沟通、设施联通、贸易畅通、资金融通、民心相通为手段，打造国际合作新平台，树立了各国共同发展的榜样。中国的经济发展不仅造福中国人民，更造福“一带一路”沿线各国人民。

“一带一路”使各国经济更加紧密结合起来，推动各国基础设施建设和体制机制创新，创造新的经济增长点和增加就业岗位，增强各国经济发展的内生动力和抗风险能力，为低迷的世界经济注入新的活力。

“一带一路”得到越来越多的沿线国家的认同。2015年5月，中俄两国元首签署《关于丝绸之路经济带建设和欧亚经济联盟建设对接合作的联合声明》，是“一带一路”倡议在欧亚大陆取得的又一重大进展，中俄在稳步推进交通、跨境基础设施、物流及其他双方重点关注领域的项目合作。

习近平主席和哈萨克斯坦共和国总统努尔苏丹·纳扎尔巴耶夫一致决定，在平等互利基础上加快推进“丝绸之路经济带”同哈方“光明之路”经济战略对接。中国和白俄罗斯的领导人同意将中白工业园项目建成丝绸之路经济带的标志性项目。

2016年11月3日，上合组织成员国政府首脑批准《2017—2021年上海合作组织进一步推动项目合作的措施清单》等多项合作文件和决议，中国与中亚国家的合作不断深化，扩展到各个领域。中国与中东欧国家的“16+1合作”日趋成熟，正在共同打造涵盖交通、金融、科技、人文等广泛领域的互联互通，实现互利共赢。

2016年11月5日，中国与中东欧16国共同发表《中国—中东欧国家合作里加纲要》和关于开展三海港区基础设施、装备合作的联合声明，签署了涵盖产能合作、基础设施建设等多个领域的合作协议。中国依托“一带一路”倡议，促进了中外合作共赢，实现与各国的共同发展，共同繁荣。

总之，国际形势复杂多变，各种挑战层出不穷，实现构建人类命运共同体之路还很漫长。“人类命运共同体”这一理念的提出，有助于推进“一带一路”沿线各国的合作；同时，“一带一路”的稳步推进，也有利于构建人类命运共同体目标的实现。

中国将继续坚持共商共建共享的全球治理观，以更加开放的姿态面向世界，与其他国家和人民一道为世界和平与发展作出新的重大贡献。在对外交往中，我们强调使中国的发展惠及世界，使世界各国从中国的发展中受益。现在，中国是对世界经济增长贡献率最高的国家，我们是世界上绝大多数国家最大的贸易伙伴，中国的发展实际上已经带动了许多国家的发展。

习近平主席提出的“一带一路”倡议，就是让世界更好地分享中国的发展机遇，促进中国和世界各国良性互动、互利共赢，形成命运共同体，共建美好的世界。

“一带一路”建设应彰显三大中国元素

罗建波　中共中央党校国际战略研究院教授

人们在谈论“一带一路”时，往往强调的是以基础设施和产能合作为主的重大项目合作。但从国家顶层设计的角度来看，要推动“一带一路”的深入发展，还需要做到“硬建设”和“软联通”的齐头并进。作为“一带一路”的首倡者，中国应把“一带一路”打造成为推动中国标准、中国经验和中国思想文化走出去的契机，以此助推中国走出去战略的全面升级，为世界提供更多带有中国烙印的公共产品。

推动中国标准走出去

人们常说，三流企业卖产品，二流企业卖技术，一流企业卖标准。美日及部分欧洲国家，不仅垄断着高端技术和工艺，也垄断着全球通行的技术标准、质量标准和服务标准，通过标准和规则的制定，牢牢占据着世界产业链的最高端。中国企业走出去，也由此遇到“国际标准”这一必须跨越的门槛。有媒体报道，中国首个高铁输出项目——土耳其安伊高铁，全部采用欧洲标准，国内一家知名配件生产厂家曾希望把产品引入该项目，但因欧洲的标准认证费用起步就需要600万欧元，才只得被迫放弃。

在某种程度上，国际市场竞争也是标准和规则的竞争。在“一带一路”建设中，中国要注重深化与沿线国家的标准化互利合作，以标准的互认和共同制定来促进政策通、设施通、贸易通和资金通，支撑互联互通和产能合作。中国的优势产业，诸如高铁、电力、核能、航空航天、信息技术及高端装备制造业，也要积极利用中国标准的国际化，提升走出去的层次和水平，以中国标准走出去带动中国产品、技术和服务走出去，以高质量、高规格的中国标准来塑造中国企业和品牌的优势、声誉和形象。这是推动中国标准走出去转型升级和提质增效的关键。

中国已于2015年10月通过《标准联通“一带一路”行动计划（2015—2017）》，迈出了塑造中国标准、推动中国标准国际化的重要一步。由中国企业承建的埃塞俄比亚首条高速公路，包括工程设计、路面工程等在内的主要工程均采用的是中国高速公路标准，道路的质量赢得了埃方的高度赞誉。这是中国高速公路标准在埃及东非地区的首次使用，堪称中国标准走出去的一个典范。

与世界分享中国发展经验

近些年，一些西亚非洲国家注重“向东看”，拉美国家开始“向西看”。他们看重的，不只是中国不断增加的对外投资和援助，也对中国的发展经验有着浓厚的兴趣。因为他们知道，仅仅在40年前，中国与多数发展中国家一样贫穷，但现在中国已经成为世界第二大经济体。

中国愿意在平等的基础上，与其他国家尤其是发展中国家分享彼此的发展经验，以此提高各自的发展能力和治理水平，共同探讨和解决发展过程中遇到的困难和问题。以中国经验推动世界发展，是中国向世界承担国际责任和做出国际贡献的重要方面，由此增加的中国吸引力也是中国软实力的重要来源。

因此，“一带一路”建设在注重“项目合作的同时，也要积极推动各方在人文领域的交流与合作，而治国理政与发展经验的共享是其中的重要方面”。笔者以为，中国的发展经验很多，最重要的有三点。

一是对独立自主和自力更生的深刻理解与实践。中国一直强调主要依靠自身力量而非依赖外部援助来寻求发展，而且在打开国门借鉴发达国家发展经验时，也是采取了“合理借鉴”而非“完全照搬”的方式，以探索适合自身国情的发展道路，这与一些发展中国家普遍依赖外援且照搬西方模式有着很大的不同。

二是政府对经济社会发展发挥推动作用。中国和部分东亚国家有一个共同之处，就是国家或政府在现代化初期发挥了重要作用，不仅能够维护经济发展所需的社会秩序稳定，有效动员社会的各种资源以全面推进国家的现代化进程，而且还能形成一种举国一致对于变革与发展的“社会共识”。这种有效的国家能力是东亚“发展型国家（developmental state）”的重要特点，也是其他很多发展中国家需要着力改善的要素。

三是及时抓住了世界产业转移的机遇。改革开放之后中国经济发展的成功，在很大程度上得益于中国积极参与了世界范围的产业转移，当时承接了来自欧美、日本及亚洲四小龙向外转移的劳动密集型产业，中国的工业化和现代化在原有基础上加速推进，由此逐步发展成为“世界工厂”。

随着中国劳动力和土地成本的增加及经济结构转型的推

进，大量成熟的优质产能，比如钢铁、水泥、玻璃、橡胶、电力、矿石、纺织等，需要逐步向外转移，如果“一带一路”沿线国家能够不断改善投资环境、优化投融资政策，积极参与这一轮新的产业转移，势必会大大推动自身的工业化和现代化水平。

推动中国思想文化走出去

民心相通是“一带一路”的基础。现实的问题是，除了部分周边国家以外，中国与多数沿线国家缺乏全面的相互了解与认识，这是中国走出去面临的最大挑战之一。

中国与这些国家之间，不仅宗教、文化和语言有着显著的不同，在政治经济模式和生活方式上也存在很大的差异，一些国家还深受西方文化和观念的影响，对中国的发展和外交政策存在误解和偏见。

目前，中国的海外影响力还主要体现在经济层面上，在合作对象国的社会和文化层面的影响还比较有限。

因此，“一带一路”建设应注重向沿线国家传播中国的语言和文化，向他们讲述中国故事，让他们了解一个真实而全面的中国。

中国有着丰富的文化资源，比如汉字、传统艺术、中华美食、茶文化和中医、武术等，以及日益具有活力的现代文化。然而，文化资源并不等于现实的文化软实力。这就需要借助于文化传播、公共外交等手段，把文化资源转化为文化软实力。

近年来，中央电视台、中国国际广播电台等陆续在海外建立了分台或传媒中心，一些优秀的影视作品和书籍也相继走出国门，以及中国以“请进来”的方式邀请国外人士来华交流、考察和学习，都有助于增进世界对中国更为全面的了解，有助于中国更快地走向世界。

从更深层次上讲，中国文化走出去也是中国思想、理念和观念的走出去。中国传统文化讲求仁义道德与大同，中国人注重家庭伦理和社会和谐，当前中国也正在追求社会的公平和正义，都能够在许多国家和文化那里找到共鸣。

具体到外交理念上，中国对和平发展道路的坚持，对互利共赢和共同发展的追求，对“新型义利观”的积极倡导，以及对非洲国家奉行的“真实亲诚”和对周边国家体现的

“亲诚惠容”，都有助于消解其他国家对中国发展的疑虑，增进与相关国家的相互理解与认同。

当前，中国正在积极倡导构建“人类命运共同体”理念，与世界各国一道致力于实现和平发展和共同繁荣的“世界梦”。人类命运共同体至少包含三大要素：利益共同体、安全共同体、价值观共同体，三者相互促进，缺一不可。

未来中国的努力方向，不仅需要与沿线各国构建经济上的利益共同体和安全上的责任共同体，还要在思想、观念层面有更大的创新和突破，提出更富吸引力和引领力的价值观念，在关乎人类和平、发展、民主、公正等问题上表达具有中国特色而又更具普世意义的思想和理念。这正是“一带一路”民心相通的关键所在。

媒体应细化“一带一路”的对外传播

黄友义　中国外文局原副局长

“一带一路”是中国明确提出的国际性倡议，在某种意义上也是在参与制定游戏规则。中国能做到这一点，与中国的经济分量、政治地位、军事实力有关。

“一带一路”不是权宜之计，它是中国和世界发展的共同需要，既有历史基础，也有现实需求。在推进“一带一路”建设过程中，媒体也要抓住机遇、与时俱进。特别是在“一带一路”民心相通领域，媒体应该走在前面。

媒体最大的挑战是如何让世界沿线各国的人民，理解中国到底要干什么？仅就中亚地区来讲，不同的国家可能就会有不同的需求，有的需要修建道路，有的需要金融支持，当地的老百姓有的要来留学，有的需要吸引中国游客去旅游，等等。

总之，各国的需求是不同的。媒体如果把老百姓的工作做通，让老百姓了解了中国的意图，增加对中国的认识，“一带一路”建设就会更加顺利。我们要让沿线国家当地的人士主动谈论这个话题，了解这个话题的内涵，也就是做好民心沟通之后，其他“四通”就会顺畅得多。

中国的媒体首先要承担好自己的责任，主动发出中国的声音。中国是世界第二大经济体，中国的媒体就要担起相应的责任来。中国过去可能把更多的精力放在了解外国，现在媒体要实现重点工作的转化，在向国内受众介绍国外的同时，更加重视对外传播中国。

当然文化需要实现双向交流。比如，我们过去把外国的文化介绍过来，谈起美国电影，许多人能说出美国演员名字，但是中国演员业绩相当不错，外国人知道吗？我们媒体要把中国的这些演员的名字和形象，用融通中外的语言和话语体系推向世界。再比如，外国人对中国建筑感兴趣，中国的建筑从南到北、从东到西有很多的不同，谈到建筑就要谈到建筑设计师，谈到很多工匠，这些都可以成为很生动的故事，向各国受众展示。

“一带一路”能走多远，与中国媒体的国际传播能力有直接的关系。中国的媒体将“一带一路”宣传好，“一带一路”的建设就进行得快，成果就会更加明显。如果宣传跟不上，“一带一路”的建设就会遇到很多的问题。首先面对的第一个问题是，不管是发展中国家还是发达国家的外国百姓，他们实际上并不十分了解“一带一路”，对外媒体有责任要帮助他们了解，要想方设法去面对不同国家的受众，由于这些人的心态、需求不同，对中国的认识程度也不一样，要分门别类的制订各种各样的报道方案、合作计划，把中国的声音传播出去。

当然，传播“一带一路”光靠中国媒体还远远不够，要跟海外的媒体建立紧密型的合作关系，可以从人员交流、信息交流开始，结成真正的合作伙伴。跟沿线国家媒体的合作也要细分，笼统地传播解决不了我们面对的各种挑战。

比如说，“一带一路”涉及基础设施建设，涉及贸易便利化、设施联通、民心相通等，实际上“五通”就是五大话题。而这五大话题受众是五类不同的人。因此要找不同类型的媒体合作，有纸媒、电视、广播、网络、社交媒体等。中国媒体要和海外的媒体找到一个契合点，各个媒体要办出自己的特色。

此外，随着中国越来越国际化，中国的媒体也需要越来越国际化，任何一家媒体如果只是把外国的信息带回国内，给中国老百姓看，只能算是完成了一半的任务，重要的任务则在于帮助国家走出去。中国要参加全球治理，媒体自然也要为国家参与全球治理做传播。中国的媒体人需要更加国际化，尤其是对外媒体的从业者，要拓展国际视野，增加国际知识，提高对外交流的能力和技巧。要能做到用三五十秒即可令听众了解自己的意图。所以我们的媒体需要在很多方面提高自身能力建设。我们现在缺少的不是设备，而是理念和技巧。

近来，中国经常是把周边国家的媒体请到国内来，这是第一步，十分重要的一步。第二步更重要，就是要更多地“走出去”、驻下来。走出去不是派几个人到那里去采访，而是要跟当地的媒体一起研究如何报道。中国媒体起什么作用呢？就是送货上门，把我们想让外国人了解的东西交给他们，当地的媒体有不同的受众对象，他们知道把哪句话传达给哪一部分人。只有细化对外传播，“一带一路”的传播才能做得更加扎实有效。

国家外语能力建设与“一带一路”的民心相通

孙吉胜　外交学院副院长、教授

语言是国与国之间交流的桥梁和纽带，文化是背景，二者直接影响沟通效果。“一带一路”建设需要保持高度的语言文化敏感性，顾及不周或处理不当很容易造成对“一带一路”的误解，因而损害中国的国家形象，因此，国家外语能力建设至关重要。针对“一带一路”建设，中国需要从多方面加强国家外语能力建设，尤其要处理好以下几个关系：

处理好外语能力建设与外语战略规划的关系

要在战略高度处理外语能力建设与战略规划的关系。国家的外语能力主要涉及两个方面，一是国家可以使用的外语语种的多少，二是使用这些外语的效力。

由于“一带一路”涉及国家较多，涉及语言较多，文化文明多样，从战略角度来规划“一带一路”所需的国家外语能力显得尤为重要。纵观“一带一路”的走向，西亚、中亚、中东、中东欧、西欧、南亚、东南亚等地区基本涵盖了当今世界文化多样性和差异性最突出的地区。

有些国家政权更迭频繁，政局不稳；有些国家语言与文化特色鲜明；有些国家宗教错综复杂；各国发展程度和基本国情也差异巨大。国家在战略层面需要厘清“一带一路”建设需要哪一类外语人才、涉及哪些语种、需要哪些层次的外语人才。

因此，国家外语能力建设需要首先对各语种的需求进行调研，统计不同语种、不同层次的外语人才的大致需求量，在相关部门统筹安排下，认真论证、规划。

外语能力建设要在规划的基础上分清轻重缓急，有的放矢。在“一带一路”外语能力建设中要分清层次，专业培养与急训相结合，突出重点区域、重点国别、重点语种。

除了通用的英语之外，其他非通用语如果是亟须的，就需要采取灵活的培养模式，如直接选送在校的英语或其他通用语种学生集中、强化培训。不是特别亟须的可以在国内以相对传统的培养方式按部就班培养。进行战略规划还可以避免国内院校一拥而上。

近几年，国家重视非通用语人才培养，一些办学水平不高的学校也开始盲目设置一些非通用语种专业。也许几年之后就会出现部分语种人才培养过剩，培养不精、语种分布不均衡等问题。有些学者建议针对一些非通用语人才，可以考虑采用订单式培养，不适合全面铺开。

处理好一般外语人才与高端外语人才培养的关系

“一带一路”外语能力建设要首先满足基本交际需求。语言最基本的作用是作为一种简单的交流工具，满足日常交际需要，此类功能对语言的质量要求并不很高。“一带一路”外语能力建设同时也要关注高层次外语人才培养，即培养能够讲好中国故事、有效传播中国声音、加强中国话语权的外语人才。“一带一路”建设同样需要培养高端外语人才，需要能够在当地媒体开展有效传播。

“一带一路”是中国提出的倡议，只有让相关国家正确理解、认同和接受中国的主张和做法，了解“一带一路”的愿景，他们才会愿意合作。而让其他国家完全理解其原则、内涵和建设方针需要中国进行积极有效的交流和宣介。而如果能有效地使用当地的语言，就更容易达到宣介效果。

曼德拉曾经说过，“若你用一个人听得懂的语言和他交谈，你的话能进入他的大脑，若你用他自己的语言和他交谈，你的话能进入他的心灵”。我们不仅需要通过语言去呈现和传递信息，还需要通过语言来影响和构建人们的思想，塑造对中国的认知，提升中国形象。“一带一路”建设虽然可以用英语等作为通用语，但是使用当地的母语与使用英语相比更容易交心。

中国需要提前有针对性地采取语言介入，在“一带一路”沿线国家用当地语言有效发声，使各国理解“一带一路”共商、共建、共享的内涵，减少他们对中国的误解，真正提高中国的话语影响力，促进民心相通。

处理好外语学习与文化学习的关系

语言是文化的载体，也是文化的体现。“一带一路”沿线国家的语言很多是非通用语，文化也不像英美文化那样为中国人所熟悉。因此，在学习语言的同时，学习当地的文化、民情、国情尤为重要。

文化相通是民心相通的基础。民心相通是“一带一路”建设的社会根基，而文化交流与合作有助于夯实同沿线国家合作的民意基础。如果说经贸合作是“一带一路”建设的硬支撑，文化交流则可以为“一带一路”建设提供软助力。

只有通过文化交流与合作，才能让各国人民增强相互信任、加深彼此情感。在文化交流过程中，需要具备足够的文化敏感性，否则在涉及一些敏感问题尤其是涉及宗教、民族、民俗等问题时难免会出现各种误解。

此外，有些学者已经指出，“一带一路”建设难免会碰到一些非传统安全问题，比如恐怖主义、跨国犯罪、非法移民，人道救援、水资源安全、环境生态等问题，这些问题很多都与文化相关，有时甚至比传统安全更加敏感。有效的语言表达和高度的文化敏感性将在化解和避免以上这些敏感问题中发挥不可或缺的作用。

处理好外语专业与其他专业的关系

“一带一路”建设涉及不同的专业领域，因此外语能力建设需要处理好外语与其他专业的关系。“一带一路”建设不仅涉及的国家多，涉及的行业也多，而很多都是专业领域。无疑，要确保“一带一路”建设的顺利实施，需要掌握一定专业知识的外语人才，同时也需要具有基本外语交流能力的专业人才，无论是专业人才培养还是外语人才培养都需要外语和专业二者兼顾。

各外语院校在进行外语能力建设和外语人才培养时，需将外语专业与各自优势学科结合起来，在不削弱外语专业人文特性、不降低学生人文素养、不影响语言水准的同时，按照外语加专业、外语加辅修、外语加专业知识的复合型人才培养模式，遵循语言主导、专业渗透、方向交叉的原则，使学生不仅具有扎实的语言基本功，还具有相关专业知识。

其次，需要在培养专业人才时有针对性地提升其外语实际运用能力，培养实用型专业人才。对于“一带一路”建设的专业人才培养要兼顾外语实际运用能力，尤其是基本交际能力，使外语运用能力贯穿整个专业学习过程。这样，在一些工作场合专业人员可以实现基本的外语交流，而不必时时依赖翻译。

“一带一路”外语能力建设从短期看会直接影响“一带一路”建设的实施质量，而从长远来看则会直接影响国家利益和国家形象。如果把国家外语能力建设提升到这样一个高度来审视，就需要对国家外语能力建设和外语人才培养进行认真规划、严肃论证，使针对“一带一路”的国家外语能力建设有序展开，培养出来的外语人才才能真正为国家所用。

妥善应对“一带一路”建设的地缘政治风险

陈积敏　中共中央党校国际战略研究院副教授

“一带一路”建设所面临的地缘政治风险呈现出多样性、复杂性的特点。从多样性的角度来看，“一带一路”的地缘政治风险既包括地区或国家政治局势的状态，又包括非国家行为体，如“三股势力”的影响，同时还掺杂着大国战略冲撞的风险；从复杂性的角度来说，“一带一路”建设中牵涉到的风险元素众多，覆盖面巨大，因而增加了应对风险的难度。从整体上来说，应对“一带一路”建设的地缘政治风险应努力从以下几个方面着手：

做好政策沟通与战略对接工作

中国所提出的“一带一路”倡议是以“共商、共建、共享”为原则的，这就决定了“一带一路”建设需要得到各相关国家的支持与配合。换言之，“一带一路”建设是由中国发起并极力推进的，但其最终的实施是需要各国共同参与，其成果也是各国所共享的。

由于“一带一路”覆盖面广，牵涉的主体众多，既有国家，也包括地区或国际组织，因此，做好政策沟通便是打消沿线国家顾虑，汇聚各行为主体合力的重要途径。同时，做好政策沟通也是中国处理好与已有的一体化组织关系所必需的。

可以说，如何将“一带一路”建设与已有国家的丝路战略融合起来，实现良好的、无缝的战略对接是“一带一路”建设减少阻力，避免大国间战略冲撞的重要一环。正如美国基辛格协会副会长雷默在“中国发展高层论坛陆海丝绸之路专题研讨会”上建议，陆海丝绸之路构想应加强与现有地区机制的衔接，找到各机制的互通性，协调配合，相互促进。

建立有效安全机制，合力打击“三股势力”

“三股势力”是一种极端邪恶势力，集恐怖主义、分裂主义和极端主义于一身，在世界各国都留下斑斑劣迹。他们煽动民族仇恨，制造宗教狂热，鼓吹所谓“圣战”，大搞暴力恐怖活动，残杀无辜群众，挑起暴动骚乱。“三股势力”也成为“一带一路”建设中重要的风险因素。为此，中国应加强与中亚、南亚等相关国家在安全领域的合作，利用好现有的安全机制，如“上合组织”等，合力打击“三股势力”。中国可以与相关国家在情报共享、司法合作等领域展开更多的安全磋商与交流。

突出强调"一带一路"建设非战略性、合作性和非排他性

"一带一路"建设不是外向性的地缘政治战略，而是促进中国西部地区发展和扩大向欧亚内陆甚至欧洲地区开放的宏大经济愿景。中共十八届三中全会通过的《中共中央关于全面深化改革若干重大问题的决定》便明确提出，要"加快沿边开放步伐，加快同周边国家和区域基础设施互联互通建设，推进丝绸之路经济带、海上丝绸之路建设，形成全方位开放新格局。"

可以说，"丝绸之路经济带"是在中国进入深化改革、扩大开放之际的一个重要举措，是在中国沿海地区通过前 30 年的改革开放获得长足发展之后，中西部地区通过扩大向西开放而加强与中亚、南亚、西亚乃至欧洲地区贸易往来和经济、技术、金融合作，从而形成中国全方位对外开放格局、实现东西部均衡协调发展的重要一环。

"一带一路"建设是一个综合性的跨区域经济合作倡议，其地缘范围是以欧亚大陆为主，同时向世界其他地区开放；其核心内容是促进基础设施建设和互联互通，对接各国政策

和发展战略，深化务实合作，促进协调联动发展，实现共同繁荣。

可见，“一带一路”不是由中国一家主导的地缘经济计划，更不是中国谋求其战略利益的政策工具。习近平主席在“一带一路”国际合作高峰论坛上明确强调：“我们推进‘一带一路’建设不会重复地缘博弈的老套路，而将开创合作共赢的新模式；不会形成破坏稳定的小集团，而将建设和谐共存的大家庭。”

因而，中国在推进“一带一路”建设过程中应弱化其战略性色彩，更多地强调其经济性、发展性、开放性、共享性特征。

打造“一带一路”的精品工程，发挥其榜样与引领作用

中国与相关国家要落实好“一带一路”建设，扩大与各方的利益汇合点，让其优越性得以充分发挥。“事实胜于雄辩”。只要沿线国家，甚至于整个国际社会能够从“一带一路”建设中获取实际利益，这便是对各种误解、曲解最好的

回击。

正如习近平主席在2015年博鳌论坛演讲中指出的："'一带一路'建设不是空洞的口号，而是看得见、摸得着的实际举措，将给地区国家带来实实在在的利益。"

因此，中国应与沿线各国企业、国际组织以及相关国际机构合作开发，通过构建多方利益共同体，减少外界阻力和疑虑，降低政治风险，提高合作的可持续性，如应该善用多边金融机构，联合世界银行、亚洲开发银行、国际货币基金组织等国际组织共同为大型项目提供融资。中国倡议的亚洲基础设施投资银行应采取开放式的合作模式，形成多边协作的金融平台，等等。

目前，"一带一路"建设的愿景与行动文件已经制定，丝路基金已经顺利启动，亚洲基础设施投资银行开始运作，一批基础设施互联互通项目已在稳步推进。

这些早期收获向我们展现了"一带一路"的广阔前景，也进一步吸引与提升了国际社会的参与热情。从这个角度来说，"一带一路"建设的根本在于有效的行动与持久的定力。